在中共历史上，蔡和森至少创造了三个第一：他是系统提出中共建党思想的第一人，是中央机关报《向导》的第一任主编，还是国内第一部党史专著的作者。

中国现代史论与方法

王文鸾 著

九州出版社
JIUZHOUPRESS

图书在版编目（CIP）数据

中国现代史论与方法／王文鸾著．一北京：九州出版社，2012.10

ISBN 978-7-5108-1753-3

Ⅰ.①中… Ⅱ.①王… Ⅲ.①中国历史-现代史-研究方法-文集 Ⅳ.①K260.7-53

中国版本图书馆 CIP 数据核字（2012）第 240715 号

中国现代史论与方法

作　　者	王文鸾　著
出版发行	九州出版社
出 版 人	徐尚定
地　　址	北京市西城区阜外大街甲 35 号（100037）
发行电话	（010）68992190/2/3/5/6
网　　址	www.jiuzhoupress.com
电子信箱	jiuzhou@jiuzhoupress.com
印　　刷	三河市东方印刷有限公司
开　　本	720 毫米×1020 毫米　16 开
印　　张	11.75
字　　数	160 千字
版　　次	2012 年 10 月第 1 版
印　　次	2012 年 10 月第 1 次印刷
书　　号	ISBN 978-7-5108-1753-3
定　　价	28.00 元

序　言

我这人爱好比较广泛，练过琴、画过画、自学过英语，还得过央视（当时名为北京电视台）少年儿童绘画比赛三等奖，但最后作为饭碗的却是党史。最初接触党史，并不是自己的兴趣使然，而是改变命运的需要。我原是一名中学英语教师，自认为不应该停留在这样的一个层次，但在改革开放初期，并没有更多的选择。一次偶然的机会，我参加了烟台大学举办的一个英语培训班，在那里结识了一个学员，他说他们那儿的英语教师都在准备考研，并且已有几个考上了。这给了我很大启发，原以为考研与己无关，现在看来也并非高不可攀，可是考什么专业呢？听他说党史比较好考，尤其毛泽东思想研究方向更好考。在当时的中国，"毛泽东思想"这个词使用频率很高，但什么是毛泽东思想并没有多少人能说清楚，于是我就到这所大学图书馆，借了一本美国人写的《毛泽东传》，这就是我接触的第一本关于党史方面的书。

我这人有个特点，一旦认准了的事就一定会坚持，哪怕再难。从培训班回来之后，我开始阅读能找到、能买到的所有党史书籍，从对"新民主主义革命"这样的基本概念都很难理解，到对整个党史体系的基本把握，再到对党史问题有所思考，不知不觉对党史产生了兴趣，并考上了湖南师范大学党史专业的硕士研究生。读研期间的最大收获就是读懂了导师谭双泉先生所强调的"写"字，学会了治学的基本理念和方法，写出了一篇发表在《史学月刊》，并被《中国人民大学复印报刊资料·中国现代史》全文转载的论文。这一切无疑为我在学术道路上继续前行奠定了基础，提供了动力。

然而，市场经济带来了很多诱惑，加之高校理论课日趋边缘化，我对毕业后从事的理论课教学工作并不怎么看好，于是就想通过考博改一下专业，可事实证明没那么容易，经过几年的努力过了一所名牌大学的民法面试分数线，最终却榜上无名，原因在于自己跨学科、年龄大，又无任何优势可言，所以并不怨天尤人。直到本单位有了硕士点，我才看到了希望，开始“改邪归正”，潜心久违的党史研究。几年下来，我从一个新领域的开辟，到权威期刊发文，再到教育部规划基金项目获批，也算一步一个脚印，可谓天道酬勤。事实上，做点所谓的研究很不容易，个中甘苦只有自己知道。当然，我还会继续走下去，不为别的，只为自己培养起来的这点兴趣，也为心灵深处的那份孤独。

以上是我对结缘党史心路历程的一点回顾，而本书却主要是我十几年来在核心及其他期刊所发文章的一次整合，也是我对党史学习、思考的一个小小总结。本人学浅识寡，文中疏漏甚至错误一定不少，敬请读者指正。

作者

2012 年仲秋

目　录

第一章

民国事件人物论

一

张学良爱国主义思想与实践述评

张学良的爱国主义思想与实践，涉及政治、经济、教育和人格诸方面。政治上，他力促国家统一但走了一些弯路，由息争统一到统一抗日再到抗日统一，是一个曲折中前进、螺旋式上升的过程；经济上，他注重发展和保护民族工商业，鼓励华侨回国投资，对农村经济也给予特别关注，并系统提出了开发建设西北的思想；教育上，他出资办小学、中学和大学，提出了“德智体群美”五育并重的教育方针；人格上，他光明磊落、无私无畏、淡于荣利，一切以国家民族为重。张学良的爱国主义思想不仅具有全面性、系统性，而且还具有很强的操作性、实践性；不仅具有深沉的忧国忧民意识，而且落实在爱国救国的具体行动上；不仅要求别人，而且身体力行、率先垂范。张学良的爱国主义思想无疑具有丰富的内容和鲜明的特点，但同时也具有一定的难以避免的局限性。

所谓爱国主义思想与实践，是指对中华民族的生存发展、繁荣兴旺等根本利益的关心和自觉维护的思想与行为。张学良是中国近现代史上的一位伟大的爱国主义者，他的政治生涯尽管极为短暂，但他的爱国主义思想与实践却有着十分丰富的内容，并对中国乃至世界产生过重要影响。为进一步发掘这一丰厚的历史遗产，更好地弘扬爱国主义精神，本文试从以下几方面作一初步探讨。

（一）和平统一为切要之图

众所周知，张学良既反内战又打内战，既“剿共”又联共，既拥蒋又疑蒋，直至“将天捅个漏子”，发动了震惊中外的西安事变，并力主进行和平解决。对此矛盾现象，学界认为是他接受中共抗日统一战线政策的结果，是蒋介石逼出来的，也是日益激化的中日矛盾使然。但这多是从客观方面来讲的，那么主观因素又是什么呢？笔者认为，还有必要从张学良国家统一观的发展变化入手，进一步探究造成这一矛盾现象的思想动因。

1. 息争统一，参与混战

张学良是个有着强烈的爱国情感的青年将领，他的政治生涯始终是与国家的内忧外患联系在一起的，他怀着“为中华民族造福”的理想，极力主张“和平统一为切要之图”。他认为，“惟和平乃能促成统一，亦惟统一乃能保障和平，世未有能保持和平而不能统一者，亦未有能造成统一而不能和平者，连带关系”①。他将和平与统一的关系，看作互为前提相辅相成的。同时，他还站到发展国力的高度，论述了和平的重要性。他指出：“和平为实施建设之基础，建设为发展国力之前提。”② 因此，他是军阀中首倡弭兵息争的青年将领，受到孙中山“天下为公”的高度赞誉。他通过观察体验认为：内战起因是“落伍军阀，为一时利欲所迷，认军队为私产，以反抗为出路，稍不如意，便以武力抗争为后盾。一人煽动，徒党和之，一地作战，全国波及，此仆彼继，往复效尤”③；内战后果是“民生憔悴国势阽危”；性质是“不过一二军阀为争夺地盘而已”；并得出“内战实为罪恶之母”的结论。他还将内战与亡国联系起来警告人们：“若不各捐成见，共息争端，势必至元气亏竭，根本动摇，而外人环视我侧者，求全大欲，亦遂起而乘之，自亡人亡，不演成灭国灭种之惨剧不止”④，并深信“中国若能5年或10年之内不发生内

① 天津《大公报》，1931年5月22日第3版。

② 天津《大公报》，1931年5月22日第3版。

③ 天津《大公报》，1931年5月22日第3版。

④ 《盛京时报》，1930年3月3日。

战，则中国无论如何不进步，总较战局下之情况为好”①。这说明，他对内战的认识是相当深刻的！

之所以如此，首先在于他深沉的民族忧患意识。青年张学良厌恶动荡，希冀和平，深为国势阽危民生憔悴担忧。他曾立志出国学医以应国家之急，但未能如愿，又决心当一名学者，却遭父亲反对。在服从为孝的观念支配下，他不得不走进讲武堂开始了军人生涯。日本的“二十一条”使他痛下决心出来做事，要像历史上的民族英雄那样，努力以救中国。在他看来，他有家庭背景，有好的父亲，走一步等于人家走两步，“为何不利用这个条件作点什么？”尽管对“作点什么”还模糊不清，但却是他改变初衷接受父亲栽培的一个重要的内驱力因素。其次，在于他对战争的深切体验和悉心思考。张学良 19 岁就参加战争，经历了剿匪之役、直奉战争和豫南大战并屡建功勋，年方 26 便官拜北京政府的“良威上将军”，与吴佩孚同列。如果说张学良起初由于逆反心理，不愿当什么将军做什么军阀的话，那么，这时他已在“作点什么”的驱动下，成长为一个名副其实的军阀将领。但也应看到，他尽管也为争夺中央政权扩充地盘而战，但毕竟不同于他的父亲，不同于一般军阀。他不以争权夺地为目的，而以息争统一为宗旨，以战争求和平，以和平促统一。然而，他每次作战观于官兵伤之惨状，人们之流离失所，皆深感痛苦，尤其是河南视察所见，更使他触目惊心。曾慨叹，吾国不幸兵祸频仍，打了和，和了打，到底为什么？徒招人民之怨恨得不偿失。正是这些不断积累的感受和体验才使他的内战观由感性上升到理性，由肤浅发展为深刻。也正是这种深刻，才使他的“作点什么”由模糊变清晰，由参加战争到反对战争，再到制止战争，由被动转向了主动。

1925 年，他赞成郭松龄停止内战退守关外的政治主张，对他的倒戈失败深表同情，说他无罪不该处死；1926 年，他以“同根相煎，胜亦何

---

① 《民国日报》，1930 年 11 月 18 日第 4 版。

足言功”为由拒绝了李寿金为攻克南口演剧庆功的提议；1927年，他在给胞弟的信中表达了参加战争的内心痛苦，并在屡谏父帅未能如愿的情况下感愤不已，决心“一旦掌权要尽量避免无意义的战争”，因此，后来与北伐军作战，未经父帅同意在占领郑州后，给蒋介石连发三封息兵言和的电报，并放弃郑州，撤兵黄河北岸，保存了郑州军火库和黄河大桥；1928年，他又极力进谏，首次说服父帅撤兵关外，尽快结束了蒋的“第二次北伐”战争。由此可见，张学良在遵行父愿走上军人生涯的同时，也想利用自己的机会和优势，为国家的和平与统一“作点什么”，并尽力为之，这正是他反对战争而又参与战争的主要思想动因。当然也应指出，在参与战争的起初思想动因中他也曾有封建军阀思想的因素：试图帮助父亲扩充地盘，力挫群雄。但这毕竟不是他思想动因的主流。

2. 统一抗日，拥蒋、“剿共”

1928年父帅被炸身亡，张学良继承父业。主政伊始，他就面临是在日人的庇护下保住东北的“独立”，还是顺乎历史潮流归顺南京政府的两难选择。经思虑再三，他毅然顶住内外压力，以中国为本位，放弃了父帅的老路，选择了后者。因为他不想做闭关自守的东北王，更不愿做日本人的傀儡，他首先考虑的是东北的生存与发展，国家的独立和统一。他认为，欲救中国之危亡，宜速谋南北之统一，也只有改弦易帜，才能摆脱势孤力单的困境，才能利用统一的力量与日本相抗衡，保住东北免入日人之手。结果正如愿同，由于中国实现了南北统一，不仅使日本帝国主义在老帅时代没有得到的东西在少帅时代同样没有得到，而且也使他们的已有特权不断缩小，妄想控制东北、指导“东北自治”的阴谋得以破产，从而维护了国家的主权与统一。显然，这时张学良的统一观已由统一息内争发展到统一御外侮的高度，并实现了爱国统一思想对封建割据思想的巨大超越，达到了动机与效果的完美统一。

1930年9月18日，张学良为有效地制止中原大战通电全国，决定尽其可能，重建国内和平，第二天他率兵入关武力调停。奉军这次入关与前三次决然不同，不是争夺地盘扩充势力，而是有意助蒋统一，实现国内和平。在他看来，东北地处边陲，日本窥伺已久，如欲抵制外侮，必须保持国内统一，而在各派力量中能做到统一的最佳人选，非蒋介石莫属。尽管蒋也不可靠，但较之北方军事联盟确略胜一筹。因为北方军事联盟是一个不稳定的松散联盟，即使这个联盟得胜，日后各派也难免纷争破裂。总之，他的逻辑是只有拥蒋才能统一，只有统一才能息争御侮。事实上，他的这次军事干预确使民国史上一场激烈空前的恶战得以结束，达到了息争统一苏解民困的目的。但遗憾的是，由于大批兵力内调，关外防务空虚，日本帝国主义趁机发动了“九·一八”事变。也就是说，助蒋统一息了内争却没有抵御外侮，反而使外敌乘虚而入，这就造成了动机与效果的部分背离，同时也是他个人悲剧的开始。

“九·一八”事变后，张学良因判断失误执行了蒋的不抵抗政策，丢掉东北再失热河，被迫下野出洋。“考察”归国后，他又借鉴德意两国民族复兴的经验，鼓吹法西斯主义，拥护蒋介石搞独裁，而蒋介石这时奉行的逻辑是：只有先消灭红军，才能做到真正抗日，即“攘外必先安内”。这与张学良统一抗日的统一观基本一致，不同的是蒋介石的统一手段是“剿共”，而张学良的统一手段却是拥蒋。尽管张学良对内战深恶痛绝，但为统一抗日计也就“不得已而为之”，并担任了“剿总”副司令。其实，这是一种十分错误的逻辑，因为共产党是主张抗日的，她所领导的红军也是一支不可低估的抗日劲旅，很明显与其作战便是对抗日力量的自我摧残和削弱，既不能安内更不能攘外。遗憾的是张学良一开始并没有清醒地认识到这一点，还想通过“剿共”表现一番，取得蒋的信任，并借机重整东北军的旗鼓开赴抗日前线，以达披甲还乡明耻复土的目的。然而，“剿共”战争的实践无情地向他昭示，不但共产党打不了，反而毁了自己的部队。在不到三个月的时间，他损失了将近三个师的兵力，两名师长阵亡，七名团长战死或被俘，这在东北军的历史上是没有过的，这不能不给张学良的思想以一次极大的震撼。对此，蒋介石毫无关切之意，反而借机取消被歼部队的番号，减发军饷，甚至连张学良为阵亡师长家属所申请的十万元抚恤金也被拒绝，以至他悲愤道："我的名望，已降到不值十万块钱!"这又给他悲凉的心情雪上加霜。加之东北军将士对民族危亡惨痛的深刻体验和深受中共统战政策的感召，埋怨情绪日高。他们认为，东北军的天职是打日本人的，而不是打自己的同胞。他们背井离乡，胸中燃烧的是民族仇恨的怒火，怀着复仇的壮志，要求张学良"打回老家去"。对此，不仅一些高级将领，就连张学良本人也深有同感。他扪心自问，痛切反思：想过去，执行不抵抗政策，代蒋受过，受到国人的指责；看现在，挨着红军的打，受着中央的气，遭到部下的埋怨，同时由于国难家仇无所作为，也时刻受到良心的谴责；自入关以来，装备精良的几十万大军现剩下不足三十万，再这样下去别说国家的统一民族的复兴，就是东北军的生存都是个问题。他开始意识到蒋介石让东北军、西北军与红军作战的险恶用心，同时也认识到"内战不已，抗日便无从谈起"。因此，他在五全大会期间说道："内战不停止，很难造成抗日之局势，从前我认为非先统一则不能抗日，现在我认为不抗日则不能统一"①。"攘外安内"，只要以抗日相号召，国内各派力量自然共赴国难，实质上是先联合后抗日。如果说以前他选择的统一手段是拥护蒋介石，由和平转到了武力，那么现在他却是怀疑蒋介石，又由武力转向了和平。因此，"安内攘外"统一抗日与"攘外安内"抗日统一不仅仅是顺序上的颠倒，还是质的不同，是他对以往经验教训的高度浓缩，是他统一观上的一次深刻革命，也是他对蒋介石错误政策的根本否定。

3. 抗日统一，捉蒋送蒋

张学良为尽早使他的这一新统一观付诸实践，便开始寻找具体途径。他秘密接触了因从事抗日活动而坐牢的杜重远，谈了自己的苦闷和看法，并接受了杜的"西北大联合"的建议，主动与杨虎城开诚布公消除误

① 《西安事变资料》，第二辑，人民出版社，1981年版，第115、116页。

会，又想方设法与红军取得联系，并先后在洛川和延安与红军代表李克农、周恩来举行会谈，达成了局部停战协议和双方互不侵犯、互相帮助、互派常驻代表及帮助东北军进行抗日教育等具体协定。是他首先提出统一战线应包括蒋介石在内，否则会遇到极大的困难，因为全国主要军事力量都被他掌握着，其他如财政、金融和外交大权也都掌握在他手中。他认为蒋还是有抗日的可能和有抗日的存心的，他错就错在把“剿共”看作抗日的前提，因此，他决心与中共联手“内劝外逼”共同扭转蒋之政策，使其尽快放下内战的屠刀，开创全民族抗战的新局面。为此他作了多方面的准备：政治上，他向广大官兵加强抗日的宣传教育，办各种抗日刊物，如《东望》、《活路》等，并亲自到长安军官训练团作《中国出路唯有抗日》的演讲；外部联系上，他分别派人同广西的李宗仁、白崇禧，四川的刘湘，云南的龙云和山西的阎锡山等取得联系，向他们宣传停止内战，联合抗日的主张，并联络新疆的盛世才，打开国际“通道”以求得到苏联对抗日的援助；军事上，他举办军官训练团和东北学兵队培养抗日骨干，保护群众性的抗日救亡活动。同时，他也尽可能地寻找机会向蒋进谏直陈。然而，蒋介石固执己见，不仅不接受张的合理建议，反而变本加厉步步升级：在上海，公开查封抗日刊物，逮捕救国会领袖；赴西安召开军事会议，提出两个张、杨难以接受的方案；西安“一二·九”学生运动，他又拟武力弹压格杀勿论。面对这些疯狂的举动，张学良再三苦谏哭谏，得到的却是“你现在就是拿枪把我打死，我的剿共政策也不能变”的绝望答复。面对日益激化的中日矛盾和蒋介石的步步紧逼，为了国家与民族，张学良不得不铤而走险向蒋介石施行了兵谏，并宣布，保其安全促其反省。“如蒋委员长能够放弃过去之主张，毅然主持抗日工作，我们马上绝对拥护他服从他。”① 当蒋对谈判协议表示同意接受时，张学良又不顾个人安危亲自陪蒋返宁，为事变的和平解

① 《西安事变资料》第一辑，人民出版社，1981年版，第118页。

决迈出了最关键一步，从而使事变真正成为“时局转换的枢纽”，开创了中国革命史上的一个新纪元，中华民族开始由内耗走向内聚，分裂走向团结，内战走向抗战，并最终取得了中国反侵略史上的第一次伟大胜利，同时也使张学良的爱国统一思想的实践再一次达到了动机与效果的完美统一。这也说明张学良发动西安事变的思想动因是以逼蒋的形式来实现自己拥蒋抗日统一的目的，也是他的新统一观由思想到实践的一次伟大飞跃。

综上所述，张学良息争统一的愿望使他厌恶战争、反对战争、追求和平；他统一御侮的成见使他易帜、助蒋、拥蒋“剿共”，由正确走向错误；他非抗日不能统一的思想飞跃又使他逼蒋联共抗日，由错误回归到正确。可见，张学良的所谓矛盾现象，实质上并不矛盾，只不过是他的国家统一观不断变化的外在表现形式而已。他的统一观是沿着息争统一到统一抗日再到抗日统一的轨迹运行的，是一个曲折中前进、螺旋式上升的过程，无论是制止战争、改弦易帜、入关助蒋，还是拥蒋“剿共”、捉蒋送蒋，都可说是他统一思想的具体实践。他的统一思想又是以民族息争御侮复兴为目的，以遵行父愿，拥护蒋介石为实现手段的。尽管他的这种实践的效果与动机出现过某种程度的背离甚至严重背离，但他那促使祖国统一的至诚却可质之天日！为此，他付出了沉重代价，但他无怨无悔，在长达半个多世纪的幽禁中，仍以“台湾入版图”为念；解禁后，他建议两岸开诚布公地谈谈，希望和平统一；提醒国人不可忽视日本右翼势力对“台独”的支持，对大陆不承诺放弃使用武力表示理解，并愿意在天假之年为祖国统一出力①。世纪老人百年追求，体现的是国家统一这一最高价值。正像他的朋友贝祖贻夫人所说：“他把自己的一切献给了祖国的统一大业。”② 他为海峡两岸的炎黄子孙树立了

① 石四维：《百岁英雄张学良》，时事出版社，2000 年版，第 323 ~ 324 页。

② 王朝柱：《说不尽的张学良》，上海人民出版社，1999 年版，第 40 页。

一面旗帜！

（二）立国之道首在建设

1. 节流开源、发展民族工商业

张学良在执政的八年中，尽管戎马倥偬，但一直没有忘记“经济是一国的命脉，经济不能复兴，政治一定没有独立自主的一天”①。为整顿经济，张学良执政伊始便实行了调整东北三省文武机关，缩减军队，压缩兵工厂，开设屯垦区等一系列方针，对裁掉的兵员实行“兵农政策”，节以过剩军队从事农垦，期以于开发地利为国实边，这一政策对于裁减军队和促进经济开发起到了积极作用；他还实行对现有军队压缩开支的政策，提倡各部队开工厂、种蔬菜等等，兵工厂经费也由2000多万元减到200万元；另外，他还在开源上下功夫，大量出口粮食，换取现洋，并制定了新的税收制度，废除恶税以求收支适合。

张学良为摆脱日本的束缚，十分重视东北的现代化建设，积极发展民族工商业。他下令由东北矿务总局经营五湖嘴、八道河煤矿，大岭滑石矿山及辑安振马川金矿，并使边业银行、辽宁铁路及兵工厂等开发西安煤矿；支持杜重远创建肇新窑业公司，多方筹划经费建立葫芦海港，积极扶植面粉、棉纱、造纸、火柴等轻工业，并吸引内地民族工业到东北发展；同时，他还在一定程度上采取限制东北地区日本企业的措施：1929年，他废弃抚顺煤输出税协定，否认抚顺油页岩采掘权，增收日本投资的振兴公司之铁捐；尤其他不顾日本的反对在修筑了与“满铁”平行的铁路之后，又修通了吉林至海南，洮南至昂溪，四平至洮南的三条铁路，完成了从东西两侧包围“满铁”的设想，使“满铁”完全陷入非常状态，各项收益大为减少，不得不解雇多名雇员；至“九一八”事变前，张学良利用本国资金和技术共修筑了10条铁路，占东北铁路总长

① 《解放日报》，1937年1月18日。

25%，占全国铁路总长 10% 以上，形成了东北地方政府独立的运输体系，打破了日本南满铁路的垄断地位，从而在一定程度上抵制了日本的经济侵略，为增强民族经济实力发展民族工商业创造了有利条件。

2. 吸引外资、重视农业经济

任何一个国家或地区的经济都不可能与世隔绝孤立发展，对于外患日渐的东北地区尤其如此，要想挽回权利，增强实力，单靠自身的积累是不够的，必须尽可能地利用外资，对此，张学良早有洞见。早在第一次直奉战争之后，他就向父帅提出过积极招揽各方人士投资东北实业，凡是华侨回国投资，均表示欢迎的建议，并受到父帅的采纳和赞赏。主政后，他就开始将这一思想付诸实践。1929 年 4 月 18 日公布了华侨投资奖励办法，并委托与南方华侨有联系的东北籍人士以个人名义做侨胞的思想工作，千方百计地争取他们投资东三省，还亲自过问涉侨工作，热情接待爱国华侨到东北考察访问；1930 年 6 月 20 日他又指令东北农矿厅、建设厅汇编各种合乎华侨投资开发实业的详细计划书；1931 年他对接待荷兰华侨商业考察团非常重视，所支费用达 180 元大洋并亲自听取了情况汇报。不难看出，作为东北地方长官的张学良，以最大热忱善行礼遇华侨，吸引他们来东北投资无疑是有远见卓识的，这表明他已深刻地认识到引进华侨资本的重要性。在对外经济贸易方面，他主张应是主权国家间的现代经济贸易关系，张学良常说“余决非卖国之人有损主权之事决不退让”，坚持“利用外资，须外资为我所用”的原则，在此原则下欢迎各国投资不问其日本或英美。张学良实行经济建设的政策在东北仅有 3 年实践，有的刚刚取得初步成效，有的仅仅是计划和理想，即爆发了“九一八”事变。

考察归国后，他仍不忘发展经济，尤其对农村经济给予了特别关注。在农村和都市的关系问题上，他认为：“都市的一切繁荣，是要建设在农村上面的，城市繁华的背后，不应听到农村破产的呻吟。而今都市外强中干，一切繁荣趋于崩溃，其根本原因，就是由于疲敝的农村已经到了不能再由都市来榨取的地步。所以，都市繁荣的趋于崩溃，正有如空中楼阁之没有稳固殿基，或患了贫血症的病人一样”。① 这实际上提出了农业为基础的思想。在怎样建设农村的问题上，他提出“实际化”、“时代化”和“合理化”的三项原则。所谓实际化，就是必须洞察农村或农民的实际痛苦，对症下药，实事求是。所谓时代化就是要我们以现代眼光来研究农村问题，以现代的一切方法来解决农村问题，改变保守陈腐落伍的生活方式，竭力利用科学来改造复兴农村。所谓合理化，也不外是认识时代与环境，而求其一切设施能事半功倍，以最小的消费取得最大的生产或工作效率，研究或建设农村不应只看农村一个问题而须探求与农村具有联系的一切问题，并充分明了其环境关系与要求，且依据经济原理及一切方法以谋其解决。这些原则不仅提出了实事求是的农村建设思想，科技兴农的方法途径，而且还提出了必须按照经济规律办事和特别注意发展与环境的关系的要求。时至今日，这些原则也不失真理的光辉，仍具有重大的现实意义。可见，张学良发展农村经济的思想在当时已达到了一个怎样的高度！

3. 开发西北、力促民族复兴

中国沿海地区经济发达，西部地区经济比较落后，这是千百来各地经济、政治、文化等因素差异结合作用的结果，对经济进一步发展形成了制约，造成地区间经济发展的不平衡，对此，张学良有着深切的体认并初步提出了开发建设西北的思想：

首先，他对为什么开发西北作出了有说服力的阐述：第一，他认为，“我们民族文化的动向，是由西北演进到东南”，“可见我们祖先在西北遗留给子孙的凭借，是十分雄厚的”②。相对沿海地区，近百年来，西北远离外国帝国主义势力，加之形势险要，风俗谆厚，物产丰富，最具复

① 《汉报》，1934 年 10 月 26 日。

② 《张副司令讲演集》，第三辑，豫鄂皖三生剿匪总司令部，1934 年版，第 83 页。

兴民族的条件。第二，他指出："不只我们整个民族的物质要求最后要靠西北来供给，就是我们的固有文化与精神的发扬，也要以西北为其唯一的根源。"①

其次，就怎样开发西北他也提出了一些具体要求，他说："开发西北必须全国一致动员，中央与地方合作，共策共行，才能获得最大的效果。要以美国西进政策的成功为榜样，要彻底革除自私心，拿出不惜牺牲自己的决心，在各项建设事业上特别努力地向前干，还要注意发展交通，并强调"开发西北以革除自私心，为第一要义"②。他把开发西北不仅与民族的复兴紧密联系起来，而且与民族文化精神的发扬联系起来，并将此看作一种反本复原的复兴民族运动。尽管张学良开发建设西北的思想因历史原因未能成为现实，但他这种思想早在半个多世纪前就能提出来确是难能可贵的。这种思想不仅在当时具有相当的说服力，即使在实施西北开发战略的今天也具有重要的参考价值。

由上可见，张学良始终把发展经济放在重要的战略地位，他已不是以争夺地盘为目标，而是以发展经济增强国力为宗旨。之所以如此，就在于清醒地认识到经济与抗侮、经济与民生、经济与精神之间的内在联系。首先他认为，如果一个国家的经济上不去，政治上就很难独立，就会受到强国侵略的威胁，民族生存都是个问题，并深刻指出"吾国之农村经济，盖形凋敝，工商实业，日趋窘境，将与列邦争存，每觉相形见绌。而帝国主义者，复以其优越之经济武力，借不平等条约为口实，环而谋我，迄未稍懈"③，要图民族生存必须大力发展经济。其次他认为，建国首要在于民生，其理论基础是民为邦本，本固邦宁的传统民本思想。并深刻认识到，造成民生凋敝的原因是战争，改善民生的唯一途径是和平与建设，要求"此后本党同志，允宜深入民间，为民前锋。奉行党纲

① 《张副司令讲演集》，第三辑，第83页。

② 《张副司令讲演讲》，第三辑，第83页。

③ 《东北年鉴》，东北文化社，1931年编印。

政策，积极建设，解除民众痛苦，力图民族生存”①。再次他还注意到了经济与道德的关系，认为农村破产会导致国民道德的堕落，并且这种道德的堕落是自然的，是无可制止的，正是这种道德的堕落使国家秩序更加混乱，使农村更加日趋破产。因此，农村和国民道德堕落是互为因果的，是具有循环性的。要想恢复国民道德，培植一个垂危国家的立国精神与元气，唯复兴经济不可。这说明他不仅从世界的高度历史的高度认识到发展生产力的极端重要性，而且还从哲学的高度认识到物质文明和精神文明之间的内在联系。这对我们今天的两个文明建设仍有一定的启迪意义。

（三）根本上必从教育着手

1. 建国之本在教育，教育之本在教师

张学良一向认为“教育为神圣事业”，“教育是建国之本”。1922 年他就开办了多种军事教育班以提高部队的文化军政素质；1923 年，他力劝父亲顶着日本的压力创办东北大学，5 年后又亲任东大校长；1925 年始先后创办同泽中学、同泽女子中学、海诚同泽中学；1928 年在辽宁创办 36 所小学并在东北各县建一所模范小学；另外还创办了培养新式公务员的最高学府——同泽新民储才馆。在他主政期间东北的各级各类学校都有长足的发展，不仅有东北大学、吉林大学、冯庸大学、东北交通大学，还有数以万计的中小学校，以辽宁为例，1929 年各地公私学校，共计 10404 所，比上年增加了 400 所，其中初级中学 99 所，高级中学 5 所，完全中学 18 所，较之 1926 年增加了 48 所。张学良实行多层次办学，除大学、中小学外还创办了职业学校、成人学校，甚至在监狱里都办了一个贫民夜校，使东北教育生机勃勃，配套成龙，形成了完整的体系。在办学过程中他发现中国社会，最严重者，莫过于多数人没有受教

① 《东北年鉴》，东北文化社，1931 年编印。

育的机会，于是提出划教育为四级制，在小学之下更设简易平民学校，以期教育的相对普及，并主张是以今日论教育改造，除为教育本旨研究外，应当以普及为立场，以迅速为立场，以效率为立场。鉴于农村穷乡僻壤，文化水准亟待提高的状况，他要求，教育应从城市走入乡村去，今后不应集中城市，必力谋一般之普及。这说明他早已注意到国民素质教育和农村教育的重要性。

不管是多层次办学还是教育的普及，都离不开经费的投入，否则便是一句空话。1928 年张学良主政后，尽管金融需要整顿，财政仍有困难，但教育经费不仅不减反而大幅度增加。以辽宁为例，1928 年教育经费为 528 万，1929 年则猛增至 1635 万。办教育经费困难，资金短缺，这在旧中国是极为普遍的，即使名牌大学也不例外。北京大学常年经费是 90 万银元，清华大学 70 万银元，南开大学才只有 40 万银元，而东北大学则高达 160 万银元①。只要办学需要，张学良能拨款就拨款，拨款不方便就自己捐款，先后为创建小学、中学和修建东北大学捐款达数百万银元，还另捐 500 万作汉卿教育基金，几乎把父亲留下的钱全捐出去了。另外，在他看来，办教育经费固然重要，但教师比经费更重要，因教师是教育之本。因此他采取高薪聘用教师的政策，中学教师月薪 80 ~ 120 银元，主任、校长 180 ~ 200 银元，是一般公务员的三四倍②。东大教授一般月薪 360 银元，最高达 800 银元。当时南开大学教授为 240 银元，北大、清华教授月薪为 300 银元，而平津一些大学教授又受减薪、欠薪的困扰，经费充足待遇高是张学良办教育的一大特点③。不仅如此，他还特别重用知识分子，深知要想办好一所大学，必须依靠内行专家实行“教授治校”。他聘用秘书长、院长都是从留学归来的专家学者中遴选的。他们知识渊博，办学有方，治学严谨，学风优良，辅佐张学良把东

① 王永纯：《张学良人格面面观》，哈尔滨工业大学出版社，2000 年版，第 234 页。

② 王云鹏：《张学良轶事》，华文出版社，2000 年版，第 83 页。

③ 王永纯：《张学良人格面面观》，第 234 页。

大很快办成了知名度很高的一流学府。

张学良如此倾心教育事业并非偶然。首先在于他深受尊师重教这一中华民族文化传统的影响，尤其是近代以来的教育思想，如郑关应的“教育为立国之本”论、康有为的“穷理劝学”论、梁启超的“人才之兴在开学校”论、严复的“开民智更为富强之原”论和孙中山的“教育之道首贵普及”论，都对他产生了深刻的影响。其次，在于他对教育地位与作用的悉心思考。他认为：“世界各国生存竞争，无不以培养人才，阐明学术为根本方针。”“我国文化落后，危机四伏，非才无以救国，非学无以成才。”“欲求民族复兴，根本上必从教育着手。”① 今日教育为救国方法之出发点，办学在于培养使用人才，以促进国家现代化，这就是他的教育观，也是他倾心教育事业的思想动因。

2. 德智体群美五育并重的教育方针

德育方面，他尤其注重爱国主义教育和人格教育。新民小学的教育，就是以灌输爱国思想，反抗外侮为宗旨的。张学良在就任“东大”校长的就职演说时指出：“论学问，我比不上诸位教授，但是我有一颗赤诚的爱国之心，我誓以此心引导全校师生，读书是为了爱国，读书是为了救国。”② 为时刻提醒师生勿忘祖国和家乡，他让人重新设计了以白山黑水的盾形为校徽，并专门请刘半农先生创作了含有“痛国难之未已，恒怒火之中烧，惟卧薪而尝胆，庶雪耻于一朝”歌词的校歌，以此激励东北大学师生肩负起救国于水火的历史重任。另外，他还要求学生要有主人翁精神，指出“中华民国的教育，不象从前为个人而求学，为家庭而求学，现在是为国家而求学”③。“九一八”事变后，东北大学及一些中学生流亡关内，张学良要求学生更要坚定救国的决心，要有自我牺牲精神。他说：“复兴民族之责任，固是在全国人民之身上，但东北青年所

---

① 《东北大学校刊》，总第98期，1934。

② 《沈阳日报》，1993年4月3日第二版。

③ 《盛京日报》，1928年9月18日。

负之责任，比较重大。”“所以要受苦我先去，要牺牲，我先去，要流血我先去，没有这种精神，谈不到救国自强，东北大学的学生要没有这种勇气，不必在东北大学。”① 由于张学良坚持实行爱国主义教育，当国家处于危难之时，绝大多数学生都先后走上了抗日救国的道路，为中华民族的解放事业和今天的建设事业作出了贡献。

智育方面，他注重两个问题：第一是生产教育。他认为，中国缺乏实用人才的原因在于教育路线的不无错误。由于办教育的人很少能理解教育的真正意义，更不理解教育之社会的意义和目的，所以不能替国家培养有用的人才，相反倒造就出一些只能消费的分子，造就出许多助长内乱剥削民众的官僚买办，形成今日国家的危困。因此他主张应将消费教育转为生产教育，在以农为本的中国，农村尤其如此。他所说的消费教育指的是脱离生产实际的知识灌输；生产教育则是强调对学生生产技能的培养，在他看来重要的是学以致用。这种教育思想无疑是对“重道轻器”传统的一大挑战。第二是教育质量。首先他注重的是师资队伍的建设，高薪聘请专家名流到东大任教，先后讲学的有章士钊、梁漱溟、唐兰等几十名著名教授。就是对中学教师，他也采取多方延揽，唯才是求，选优聘用和付予高薪的方针，这就为确保教学质量提供了关键条件。其次他还从严格要求学生入手，为鼓励学生努力向上，刻苦学习，他规定，中学生如有一门不及格要降级，四门不及格要退学；大学生各专业获总成绩第一名的保送出国留学。从而形成了一套行之有效的激励机制，大大提高了教育质量。

体育方面，张学良认为，强国必先强种，强种必先重体育，倡导体育的最大目的是在造成复兴民族的生力。他在东北大学学生的训词中指出：“本校关于体育方面要特别注意，有健全之身体，好求精妙之学问。”在他的提议下，东北大学在招生时注意招收体育较好的学生和运

① 《东北大学校刊》，第九卷，第八期。

动员，并决定在东北大学教育学院开办体育专科，不惜重金聘用教学人才。我国著名短跑健将刘长春就是东大体专第一期学生，是张学良资助他参加了第十届奥运会，开了中国运动员参加奥运比赛之先河。

张学良不仅重视学校体育，而且还十分注意体育的普及。他提出："体育尤须注意群育，造成国家之代表，人民之模范。"①他鼓励大家从事体育活动，提倡运动竞赛，他亲自举办各种大型运动会，担任大会会长、名誉会长或讲话发奖，有时自己也当场表演。1928 年他提议在沈阳举办东北三省学校联合运动会，为表示对体育事业的支持，他还从个人财产中捐款 30 万元，修复了小河沿体育场，恢复了因战乱而中断几届的华北运动会。1929 年，他亲自签署下达国民政府的《五条国民体育法》，令所属各市县组织开展体育活动。在我国现代体育史上，他创造了不少第一：除促成了中国运动员首次参加奥运会外，他还在中国建立了第一座新式体育场；资助了中国出访的第一支女篮；在辽宁首次举行了中外运动员对抗赛；还率先打破了"不准女子游泳"的禁令。之所以如此，就在于他想涤除东亚病夫的耻辱，振奋民族精神。

美育方面，他强调形容美、行为美、情操美、人格美，为了从小就养成好的举止习惯，在他直接领导的新民小学，除唱国歌外，还唱礼仪歌："行动安详坐如钟，立正像棵松。衣服整齐貌庄重，才是好形容。"这就使小学生知道什么是最基本的形容美。到了中学不仅要求学生的形容美，而且要求他们的行为美。他为海城同泽中学制定的校训是"爱国、尊师、勤学、崇实"。对于大学生，他对美育提出了更高的要求：不仅要形容美、行为美，而且要学会欣赏美、创造美，并具有高尚的情操和人格。为达此目标，他在东大开设了绘画写生和美学课程，并找人谱写了以"知行合一，积学养气，爱校、爱乡、爱国、爱人类"为内容的校歌，使学生从中领略白山黑水的壮美，生发胸怀祖国、放眼世界、

---

① 《武汉日报》，1934 年 5 月 17 日。

努力向学的豪情。

由上可见，张学良的爱国教育思想与实践，使东北较早形成了完整的教育体系，教学规模与质量得到空前的扩大与提高，爱国救国、抗日御侮的思想得以广泛深入地传播，培养造就了一大批全面发展的实用人才，特别是自 1935 年起团结在张学良身边主张抗日乃至联共抗日的文武官员，绝大部分是东北培养的。这说明效果是显著的，成就是巨大的。然而。“九一八”之后，东北沦陷，教育难以为继，只有少数学校流亡关内。可见在当时的中国，要想真正发展教育必须首先取得民族的独立与解放。事实证明，教育救国在当时是行不通的，尽管如此，张学良的教育是建国之本、教师是教育之本、强调爱国主义和人格教育、消费教育转为生产教育、重视农村教育、对教育高投入、对教师高待遇等一系列思想，在实施科教兴国战略的今天仍有一定的借鉴意义。

（四）没国家焉能有自己

1. 一切以国家民族为重

张学良的爱国主义思想不仅体现在他的政治主张、经济政策、教育目的几个方面，而且也体现在他的人格上。所谓人格，就是协调统帅一个人的各个方面的综合性力量，是人的特质的独特模式。而张学良的这种“综合性力量”和“独特模式”主要表现在他光明磊落、无私无畏、淡于荣利等几个方面，其最大特点就是一切以国家民族为重。

张学良的政治生命面对的是国家内讧外侮社会激烈动荡的时代。基于对现实的深切体验和悉心思考，他深为国家民族的现状及未来担忧。首先他忧内讧外侮国势阽危。张学良 19 岁就参加战争，经历了东北剿匪之役、直奉战争、豫南大战和中原大战，亲眼目睹了战争的残酷和给人民造成的灾难，曾慨叹：吾国不幸，兵祸频仍，打了和，和了打，到底为什么？打仗为战胜，双方不知牺牲了多少有用的青年。并呼吁：早息内争，倘再延长，势必致民命灭绝，国运沦亡，补救无方。那么他又为什么参加内战呢？我们认为除了他统一御侮的思想动因外，还有他无可奈何的客观因素。正如赵一荻所说：“他之参加内战，不是名，不是利，也不是为了争地盘。他开始是为了遵行父亲的意愿，后来是服从中央的命令，实在是不得已而为之。”① 他本人对此也深有同感：我自22岁领兵打仗，一直打内战，皆为不得已之行动。不论其为战胜或失败，均感觉万分痛苦。张学良还从国际的视角来忧国家。他曾预见到第二次世界大战的不可避免，并清醒地认识到，中国将在这一斗争形势下处于受包围受夹攻的危机地位，在未来自有被蹂躏被牺牲的绝大可能。当日本帝国主义开始蚕食中国之时，他就心忧国家的主权与独立，针对中国的土地任人割裂，中国的主权任人剥夺，中国的组织任人破坏的现实，他大声疾呼：整个中国，眼看就要沦为日本帝国主义的殖民地，国难严重的程度，实在是无以复加了！整个民族的生命，眼看就要完了，举国上下若不能一致奋起，那真是国亡无日了。

其次他忧消极、自私、内争的国民性。国是由民组成的，对国家的忧患最终必然深化为对国民的忧患。他曾在检讨国难严重之由来时指出，构成中国国难日益严重的一个重要原因就是国人受了传统的消极心理的影响。这种心理可用几句成语代表，如“明哲保身”、“休说国政”、“多一事不如少一事”、“各人自扫门前雪，不管他人瓦上霜”等。这种心理，实足以断送民族生命而有余！这种心理，可以使我们中国人的斗争消磨净尽，宁束手待毙，决不拼命斗争！试打开我国近百年史看看，我们何尝坚决地彻底地同我们的敌人斗争过！他认为国人多数还具有只顾个人不顾团体的狭隘自私心，遇着一桩事情如果于己没利，无论怎样容易，怎样益于旁人，也不肯去做。反之，即使再难甚至妨害旁人，也要去做，结果导致利益冲突，大家受害，以致民族整个文化不能进展，事事落伍。中国之所以弄到这个地步，都是中上层社会的罪恶！无论是军

① 赵一荻：《张学良是怎样一个人》。

人、政客、学者，多半是太自私自利了。他还指出：“中国人每基于传统的劣根性，忽于团体的群力的对外竞争，而徒事对内做无谓的纷争，这也可以说是整个民族的最大弱点。”① 张学良如此深沉的民族忧患意识，一方面是社会现实在他心灵上的投影；另一方面是他反思历史，放眼世界所获得的一种对国家民族前途命运的警觉；同时也是他继承古代知识分子忧患传统的结果。

2. 坚定的民族自尊自信

张学良尽管有着深沉的民族忧患意识，但他只把这当做探索真理、开拓未来的动力，对于列强绝没有半点媚颜奴骨，相反却表现出强烈的民族自尊、自信和坚贞的民族气节。

1921年秋，血气方刚的张学良，应邀赴日观秋操，亲眼看到日本以四岛弹丸之地称霸东南亚，感慨万千，尤其日本人展示的军事实力，使他的民族自尊心受到了极大的伤害。他对身旁的张作相说：“日本人在向我示威，日本人总是想以势压人，反而促使我反抗。”当日本人问他有何观感时，他回答道：“你们日本能做到的我们中国也能做到；你们日本不能做到的，我们中国也能做到；请君拭目以待。”② 归国后，张学良向父亲提议，对奉军进行全面整治，整顿军纪，选拔军官，加强训练，决心赶超日本。主政东北后，张学良总是自觉维护国家民族的尊严。首先想从他始洗刷不平等条约的耻辱。他说：“中日两国历来所缔结之各种条约，均属不平等条约，故约满后，凡与日本或其他各国缔结新约，自当以双方合议为条件，而努力达此平等目的。”③ “本人对俄意见，以后凡条约以内允我之权利，应当强硬主张，不能放弃。”④ 其次他坚决抵制帝国主义干涉中国的内政。1928年，日本政府得知张学良要改弦易帜

① 毕万闻：《张学良文集》，新华出版社，1992年版，第776页。
② 郭维城：《张学良半生事迹浅论》，《辽宁文史资料》第17辑。
③ 《京报》，1928年7月26日第2版。
④ 《大公报》，1929年7月7日第3版。

归顺南京政府，便派林权助等人趁张学良为父治丧之机，三番五次地警告他，倘若东三省蔑视日本之警告，擅挂青天白日旗，日本必具强固之决心，而取自由行动，即谓干涉内政亦在所不辞。张学良却义正词严地回敬道："盖余为中国人，所以余之思想自以中国为本位，余之所以愿与国民政府妥协者，盖欲完成中国统一。"① 当林权助以长辈口吻劝他时，他又以和日本天皇是同庚回绝道，所能奉答者，只此而已。后来日本政府又派张学良的顾问土肥原贤二说服张学良出任伪满洲国皇帝，也同样遭到拒绝。1935 年，日本蛮横提出罢免河北省政府主席于学忠（字孝侯）的要求，蒋介石就此致电张学良，征求同意。张学良电复："中国的封疆大吏，不应以外人的意见为转移，如此例一开，国将不国，此事所关孝侯的事小，而对于国家主权攸关的事大。"② 然而蒋装作没有得到复电的样子，屈从了日方的无理要求。其实，张学良对国家的主权向来十分重视。早在继位不久，他就明确表示：在我们手里不能有一根毫毛送给日本，有损主权之事决不退让。1929 年的"中东路事件"绝不是张学良"反苏反共的前奏曲"，而是他发起的一次收回中东铁路主权的爱国行动。"九一八事变"中，尽管他判断失误执行了蒋的不抵抗政策，但他却全力支持了东北军、抗日义勇军和各界爱国民众，对日军进行了殊死搏斗。另外他还对卖国者深恶痛绝。当得知自己的堂弟当了汉奸后，他立即下令捕杀。被软禁后，他听说东北军将领鲍文樾参加了汪精卫的伪政府时，气愤地说："真是令人可恨！这真是东北人的耻辱，更是东北军人的耻辱。"③ 他总是告诫人们："我是谁，我应该无时无地不在想着我是中国人，既然披了中国人的皮，就万不要忘掉自己是中国人。"④

张学良尽管忧国忧民，但并没有对这个"破败的门庭"而心灰意

① 《国闻周报》，第 13 卷第 30 期。

② 于学忠：《我是怎样被逼出华北的》载全国政协《文史资料选辑》第 14 集第 176 页。

③ 张永滨：《张学良传》，黑龙江人民出版社，1994 年版，第 296 页。

④ 《武汉日报》，1934 年 5 月 24 日。

冷，而是信心百倍。他一直认为：我们中国人天赋的聪明，不但不比外国人低反而优于他们，我们中国的复兴条件是绝对够的！对此，我们要有一种最大的信心！我们打开历史看看，我们的祖先曾给我们留下了伟大的遗产，只要我们肯努力，在不久的将来，一定还会有伟大的事业出现！并预见，抗日的最后胜利终会属于我们中华民族。如果说张学良的民族忧患意识，是他探索真理、开拓未来的动力，那么他的这种坚定的民族自尊自信，却是他为中华民族复兴而奋力拼搏的力量源泉。

3. 高度的民族责任感

张学良不仅在忧国忧民的同时没有半点的气馁，而且把自己的命运与国家的前途自觉联系起来，既有责任感又身体力行，达到了国与己，思与行的高度统一。

张学良始终把拯救国难、复兴民族看作自己义不容辞的责任。他说："在今天的我们，个人的前途一点也没有了，有之，只是整个民族的前途。"① 他一直在思考，人类全是圆颅方趾，为什么我们要受人家的欺凌？我们同是国家，同是民族，为什么我们在国际间要受这样的压迫？即使在被"管束"后，他也曾有个庞大的读书计划，先研究明史，后研究清史，最后研究民国史，目的就是想弄清楚近百年来老是受外国欺凌的原因。他常说："我们的苦痛都是我们祖宗给我们留下来的债，我们今后万勿再给子孙留下去。"② 我们凭着什么去抵抗这一群逼在门前的债主，凭的就是从自己做起，从即刻做起。他教育他的部下：不可自暴自弃，以为谋国有人即可袖手旁观，而存偷安苟活之心，须知天下兴亡，匹夫有责，人民一日不安全，国家一日不稳固，我们就应当引为奇耻大辱；要时刻牢记，这个国家是谁的？我应如何完成对于国家所负的责任？要有中国不会亡，何以不亡，有我在；中国能复兴，何以复兴，有我在

① 《张副司令讲演集》，第三辑，第80页。

② 《张副司令讲演集》，第一辑，第21页。

不起汉卿，坚劝丈夫改变了主意①，并私下派人去西安做安抚工作。这就为事变和平解决的彻底实现奠定了基础。

（二）宋美龄在和平解决事变中的地位

从量的方面看，宋美龄在和平解决西安事变中主要起到了上述三个作用，那么若从质的方面看她的作用抽象又是什么呢？这就要看具体作用的载体在和平解决中的地位如何。她的具体作用是通过一系列公关活动体现出来的，而这一系列活动主要解决了两个问题：一是阻止了南京方面的武力讨伐；二是促蒋转意疏通了西安各方。而这两个问题又恰恰是和平解决面临的两大难题。

事变的和平解决须具备三个条件：一是张、杨须以和平解决为方针；二是南京方面须不急于诉诸武力；三是蒋介石须予合作接受张、杨主张。第一个条件当然不成问题，因为张、杨发动事变不是出于个人恩怨，而是为了停止内战促蒋抗日。正如他们所说："保其安全，促其反省……如委员长能放弃过去之主张，毅然主持抗日，我们马上绝对拥护他，服从他。"② 由此可见他们"为民请命"的赤诚之心确实"可质之天日而无愧怍的"。事变后，他们又立刻敞开和谈的大门，通电全国、私电要员、电邀中共，这就从一开始为事变的解决定下了和平的基调。可以说第一个条件是完全具备的。然而后两个条件却无从谈起。

事变当夜，国民党中央接连召开会议，决定何应钦任讨伐军总司令，指挥国军扫荡叛逆以示纲纪。南京方面作出的这一反应构成了和平解决的一大难题，因为无论亲日派、元老派还是嫡系派，尽管动机各异但多赞同讨伐，甚至有人主张"不惜玉石俱焚"，从而形成了一股难以遏制的主战力量，加之日本的怂恿和支持，一场新的内战一触即发，危在旦

① 格雷致胡尔的电报，1933年2月4日，美国国家档案馆89300/13964。

② 《张学良对总部全体职员训词》，西安《解放日报》，1936年12月16日。

夕。另外，被扣的蒋介石也不予合作，根本不信张、杨的良苦用心，只抱一死之念。他认为张、杨已被赤化，是帮助共产党讨还血债的，所以必死无疑，因此，对张、杨的劝解拒不接受，反而粗暴斥责，他这宁死勿谈的态度使西安陷于僵局，无疑又给和平解决增加了一大难题。

两大难题是战争与和平的交点，是事变命运的咽喉，是和平解决的关键。若不制止讨伐，蒋介石绝无生还希望，要么在炮火中丧生，要么被愤怒的官兵处死；若西安僵局不破，即使阻止了讨伐，也同样会导致战争，因为阻止讨伐是受时间限制的，是暂时的。也就是说两者是互动关系：讨伐会使僵局更僵，而僵局又会加速讨伐。两者尽管表现形式不同，但后果却只能是战争，都会使蒋性命难保。若果真如此，中国将又分裂为各种阵营，出现一场较之国共之间的十年内战更为惨烈的内争，将陷于万劫不复之境地难以自存。尽管国内外舆论大多倾向于和平解决，但却鞭长莫及难以奏效；尽管“三位一体”力主和平，却也难以实施其方策，因为他们既不能劝服蒋介石，更不能制止南京的军事行动。因此，两大难题构成了战和之关键，使事变走向战争近在咫尺，奔向和平却远在天涯。好在天无绝人之路，历史毫不犹豫地将这两大难题推给了宋美龄，她也不负历史重托，奋不顾身、卓有成效地进行了一系列艰苦卓绝的活动，出色地完成了自己的使命，成为解决关键问题的关键人物。

正如美国的一位外交官所说：中国的这位夫人在西安表现出“具有一种要是在前一个时代就会把她推上皇位的气质”①，称她是力挽狂澜的中国第一夫人。若干年后蒋介石在私下会晤他的嫡系官员时透露，在那次谈虎色变的西安事变中，夫人给了他一条命，他和她没白做夫妻一场。宋子文第一次飞陕时就对张、杨说：“如果和平解决问题，能代表蒋方

① 见陈廷一：《宋美龄全传》，青岛出版社，1993年版，第260页。

的人选，非宋美龄到西安不可。"[①] 她自己也说："西安局势是端纳奠了基，宋子文筑起墙，而我盖上了顶。"[②] 这些都充分说明了宋美龄在和平解决事变中所处的重要地位和所起到的关键作用。

（三）宋美龄在和平解决事变中的地位和作用机制

如果说宋美龄在和平解决事变中起了关键作用，那么她为什么能够起到如此关键的作用，或者说她的作用机制又是什么呢？这是我们不得不进一步回答的问题。本文试从以下几方面作一初步探讨：

1. 驱力因素。宋美龄认为事变的发生有她的责任。她说："年来委员长出巡各省，余必相随，此次独因病未果未随而出了天大的漏子，深觉怅然。[③] 蒋的脾气不好，若她在身旁缓冲，绝不会有此局面。正是她这种"失职"感驱使她竭力"补偿"。再就是南京方面没有人比她更关心蒋的安全，她认为蒋的生死直接关系到家国荣辱，自觉不自觉地将个人利益和民族利益有机结合起来，怀着"舍我其谁"的强烈责任感，不顾一切地投入了这场特殊战斗。另外，宋美龄也想利用这次机会检验一下自己的实力，尽快树起第一夫人的形象，也构成了她内驱力的一个重要方面。

2. 身份因素。在参与解决事变有关的人物中，无疑宋美龄是最活跃、最有影响的一个。之所以如此，就在于她的身份优势：她既是第一夫人，又是蒋最信任的政治助手，还是全国航空建设会秘书长；既与端纳关系密切，又与张学良私交深厚；既是亲英美派的代表，又是一些地方实力派不可小视的人物。这一切使她自然成为事变解决的"交通"枢纽。她对亲日派有威慑力，对元老派有凝聚力，对嫡系派有号召力，对蒋介石有感染力，对张学良有说服力，对国际社会有影响力，可以说她

---

① 《西安事变资料》，第 2 辑，第 32 页。

② 《西安事变资料选辑》，第 477 页。

③ 《西安事变资料选辑》，第 518 页。

是和平解决事变的最大动力源。事实也正是如此，她充分利用了她的身份优势，舌战大员，召集会议，发表演讲，沟通宁陕，打破僵局，终于作为蒋的代表促成了谈判，完成了救蒋出险的巨大“工程”。

3. 情感因素。如果说对南京方面，她靠的主要是身份和理智的话，那么对西安方面，她靠的却是理智和情感。宋美龄连日来所做的一切都是为了救蒋出险，对此蒋介石甚为感激，她第一封信中的“戏中有戏”让他保重身体，第二封信中的“如子文三日内不回京，则必来与君共生死”[①] 更使他感激涕零。这一方面给了他精神上的安慰和支持，另一方面也暗示他形势复杂早拿主意，使蒋一贯强硬的态度有所松动。特别是她力排众议“冒万险而入此虎穴”[②] 之举令蒋感动悲咽不可言状。“余决与委员长同生死”[③] 的表白使这对患难夫妻的情感得以空前的升华，形成了一种神圣的力量，使蒋宁折勿弯的心理防线得以根本性摧毁。正如宋庆龄所说：“原来他俩谈不上爱情，现在有了，美龄真诚地爱蒋，蒋也真诚地爱她。”[④] 另外，她以诚挚的情感毫不费力地打动了张学良。她提醒张：“你平时总对委员长说，你把他视为你的慈父，而他也按着你的话来对待你。”[⑤] 她一再表示，希望张立即释放他们，以此作为一件圣诞节礼物送给她，届时他们会原谅所有的一切。实践证明，她的情感投资发挥了不可低估的作用。

4. 素质因素。宋美龄的驱力因素、身份因素以及情感因素无一不是通过素质因素而起作用并显出优势的。

首先是她具有常人难有的理智。得悉事变她尽管也处变有惊，但很快就镇定自若，意识到这绝非中国既往一般称兵作乱之叛变所可比拟，

① 《西安事迹档案史料选编》，档案出版社，1986 年版，第 235 页。
② 《西安事迹档案史料选编》，档案出版社，1986 年版，第 237 页。
③ 《西安事迹档案史料选编》，档案出版社，1986 年版，第 239 页。
④ 斯特林·西格雷夫：《宋氏王朝》，高等教育出版社，1986 年版，第 245 页。
⑤ （美）傅虹霖：《张学良的政治生涯》，辽宁大学出版社，1988 年版，第 234、233 页。

倘处置失当，即酿成民国以来空前之战祸，“不仅为余夫一人生死之关系，实关系全民族最重大之问题”，“余必力抑个人感情，就全局加以考量”，“以求不流血的和平与迅速之解决”①。这说明她颇有政治洞见，从一开始就能超越感情，理智地分析，正确地判断，初步拟定解决之方略。这对于一个非常时刻的女性来说，无论她有多高的素养，多深的城府，都是难能可贵的。

其次是她具有坚忍不拔的毅力。为实施先礼后兵的策略，她不顾国民党中央的决议，极力息事宁人，四处游说，各方疏通，屡阻讨伐，即使轰炸已开始，也尽最后努力请蒋下令制止，从而给和平解决事变提供了较为宽松的时空条件。

再就是她的自信果敢。她自信“倘余在西安，局势当不致恶化至此”，她自信“诚挚与真理乃能建树永久之基础”，她自信“局势虽黑暗危殆，必有可以解决之途径”，她自信“对此大局之观察以及余所贡献解决之方策事后必能证实其不谬”，她自信“倘能与张当面商谈，必能以余信心感其迷梦”，她自信“盖顶完成之工作实为余无可旁贷之责任”②。关键时刻，她果敢挺身而出，不惜冒被囚作质，丧尽尊严之万险，亲飞西安，并将枪交给瑞纳要他承诺“如果叛军乱兵失去控制，把我们也扣住之时，你要毫不犹豫地用它把我打死”③。她这种置个人安危于度外的大无畏精神使她在西安光彩照人。周恩来一见到她就寓意深长地说：“欢迎蒋夫人的到来。历史必将做出这样的结论：夫人的义举，功在国家。”④

另外，她还善于处理各种关系。对何应钦针锋相对，对附和者晓之以理，对张学良镇静诚挚，对蒋介石情理并举，对西安官兵许诺安慰，

① 宋美龄：《西安事变回忆录》，见《西安事变资料选辑》。

② 宋美龄：《西安事变回忆录》，见《西安事变资料选辑》。

③ （美）傅虹霖：《张学良的政治生涯》，辽宁大学出版社，1988 年版，第 234、233 页。

④ 王朝柱：《少帅与蒋介石》，解放军文艺出版社，1989 年版，第 399 ~ 400 页。

都能因人而异恰到好处，充分显示了她作为一个政治活动家的实力。可以毫不夸张地说，她的优良素质和善于公关的才能，在解决事变中得到了充分展现和创造性的发挥。

当然，宋美龄的驱力、身份、情感以及素质等因素在和平解决事变中尽管各有侧重，但它们绝不是各自为战而是高度地统一在她的全部活动中，构成了她所起作用的最佳机制。正是她这种无人匹敌的机制优势，才使她起到了别人难以起到的关键作用。

结　语

西安事变的和平解决是第二次国共合作的前提条件，是中国取得抗战胜利的奠基之作。在西安事变60周年之际，我们是不会忘记曾为事变的和平解决作出过重大贡献的张、杨两将军，周恩来同志和宋美龄女士的。固然如许多论者所说，西安事变的和平解决是多种因素促成的，是日益上升无法回避的民族矛盾使然，是历史合力作用的结果，但这并不否认个人的历史作用。若没有张、杨“生死以之”的决心、周恩来力挽狂澜的胆略、蒋介石被迫的政策转变，事变的和平解决是难以想象的。同样若没有宋美龄的积极参与，和平解决的难度会更大，即使能和平解决也会拖延更长的时间，因为张学良的主导、蒋介石的配合、周恩来的调解等重要因素都是通过她的催化整合而达到最佳效果的。实践证明她是各方都能接受的唯一人物，是她有效地疏通了关节，阻止了讨伐，促成了谈判，加速了释蒋进程，有力地推动了事变的和平解决。尽管救蒋出险后，她食言而肥未使张学良免受“管束”，甚至怂恿蒋介石将杨虎城灭尸于歌乐山下，但她在和平解决事变中的重要地位和作用确是应予肯定的。①

---

① 原载《史学月刊》，1996年06期。

第二章

党史人物事件论

一

略论毛泽东的文化思想对中国社会的影响

毛泽东的文化思想对中国社会的影响是巨大而深刻的。他对精神文化和制度文化的执着追求使半封建半殖民地的中国走上了社会主义道路，他对物质文化的相对忽视又使社会主义建设受到了挫折，当然这种挫折也是一种曲折前进的过程，同时也为邓小平文化思想的超越创造了条件，提供了契机。

毛泽东的文化思想博大精深，特点颇多，具有深刻的影响力。从新民主主义革命到社会主义革命和建设的每一历史时期，都明显地留有毛泽东的文化思想的印记，它对中国社会的影响之深，可以说在中国文化思想史上是绝无仅有的

（一）毛泽东文化思想对旧中国社会的影响

早在湖南第一师范求学时，毛泽东就深受杨昌济先生的影响，主张在研究国情的基础上融合中西文化。他既不同于全盘儒化的梁漱溟，也不同于先西后中的梁启超，更不同于全盘西化的胡适，而是批判地对待中西文化，提倡在分析中国文化传统和研究国情的基础上来改造现实，并积极付诸行动，建立了以改造中国与世界为宗旨的新民学会，发动新民学会会员和湖南青年赴法勤工俭学，而自己却留下来调查研究中国这个地盘。在他成为马克思主义者后，更是自觉地力求把马克思主义同中国实际结合起来。

大革命时期，他对中国社会进行过深入细致的调查研究，写出了《中国社会各阶级的分析》、《国民党右派分离的原因及其对于革命前途

的影响》、《国民革命与农民运动》和《湖南农民运动考察报告》等著作。在这些著作中集中了当时党内的正确主张，回答了中国革命的对象、动力、领导和目标诸问题，初步提出了中国新民主主义革命的基本思想。这一基本思想尽管是在列宁关于民族殖民地问题的理论基础上提出来的，但又有所发展和创造，是从中国社会和中国革命的实际情况出发而提出的新原理。这是毛泽东在中西文化结合上所取得的最初成果，代表了马列主义的普遍原理同中国革命实际相结合的正确方向。

土地革命时期，他针对党内把马克思主义教条化，把共产国际决议和苏联经验神圣化的西化倾向，响亮地提出了“反对本本主义”的主张，并根据马克思主义武装夺取政权的普遍原理和中国农村广大，且政治经济发展不平衡的特点，率先上山开创了一条与俄国相反的具有中国特色的农村包围城市最后夺取政权的革命道路。

抗日战争时期和解放战争时期，关于中国革命道路的理论又得到进一步丰富和发展，从而形成了新民主主义革命的理论体系。正是在这一科学理论指引下，中国共产党才取得了新民主主义革命的伟大胜利，建立了新中国，使中国人民站起来了，实现了马克思主义同中国实际相结合的第一次伟大飞跃。

（二）毛泽东文化思想对新中国社会的影响

广义上的文化包括制度文化、物质文化和精神文化。历史唯物主义告诉我们，只有这三位一体的对立统一的矛盾运动，才能促进社会的协调发展。

新中国成立后，经过一段时间的过渡，我们党不失时机进行了社会主义三大改造，在中国建立了社会主义制度，实现了社会发展史上的一大飞跃。如果说这种飞跃在特殊的历史条件下是不可避免的话，那么生产力的无法超前也是不容回避的。马克思主义认为，生产力是社会发展的最终决定力量。先进的社会制度一经确立，就应以发展生产力的首务来促进物质文化的发展。毛泽东对此虽有所认识，但不够深刻。试图通过生产关系的超前变革和人的思想革命化来促进生产力的超速发展，也就是说想通过制度文化和精神文化的建设来促进物质文化建设。在社会主义条件下，这本身就是一种本末倒置的错位，其结果是事与愿违，导致了我国社会主义建设史上的第一次大的失误——“大跃进”和人民公社运动，造成了三年经济困难。

毛泽东并不是不想发展生产力，而是他的方法不对头，说他对发展生产力有所忽视是指他急于求成的重视走向了反面。之所以如此，主要是因为他对社会主义的教条式的理解、受苏联模式的影响以及对领导中国革命的成功经验的部分错用，违背了经济发展的规律，可以说是建设时期把社会主义的形式教条化，把自己的成功经验神圣化的两化倾向使然。

（三）毛泽东文化思想对“文革”时期的影响

毛泽东的文化思想在新民主主义革命和社会主义革命时期一直处在时代的峰巅，谱写出一个又一个的辉煌乐章，但在社会主义建设时期，尽管在理论和实践上也取得了初步成果，但就总体而言，他对社会主义道路的探索是不够成功的，甚至走进了误区。特别是他亲自发动和领导的“文化大革命”给中华民族带来了一场巨大灾难，使国民经济走上了崩溃的边缘。之所以如此，抛开客观因素单从他的文化思想上作一考察，就不难看出他的文化思想后期的逆向发展，是导致他实践上逐步失误的重要原因。比如，认识论上的“两次飞跃”，变成了“一次飞跃”，这就在实践上导致了不重调查研究的盲动性，甚至陷入唯意志论的泥潭；社会主义观，由科学变成了相当程度的空想；对待马克思主义，由反教条到行教条甚至出现某种程度的误解；组织原则，对不同意见都视为右倾或修正主义；领导作风，由反对个人崇拜到接受个人崇拜。这一系列文化思想的变化，加之特定的历史条件，致使“文化大革命”一发而不可收。

毛泽东晚年文化思想的某些变化是他“反修防修”走向极端的表现，也是他特别重视制度文化和精神文化心态的反映。

在中国传统文化中，就有重道轻器的偏向。毛泽东自幼就受到传统文化的熏陶，尽管也有着强烈的反传统意识，但在他的潜意识中不可能不受到重道轻器文化的影响。

帝国主义的坚船利炮迫使近代中国不得不重视器物文化，于是兴起了洋务运动，但因受落后的社会制度的制约，这场运动并未达到富国强兵的目的。先进的中国人终于发现社会制度的落后。因此，接下来便是康梁的维新、孙中山的革命，但均未成功。究其原因，就在于精神文化的滞后，缺乏应有的思想武器。十月革命的炮声给中国送来了马克思主义。又一批先进的中国人，经新文化运动的启迪开始接受宣传马克思主义并用它作为观察中国命运的工具，得出走俄国人的路在中国建立社会主义的结论，并经过几十年的千辛万苦终于如愿以偿。作为这批马克思主义者的主要代表，作为新中国的缔造者——毛泽东在纷纭复杂的形势面前，比另外任何人都更加重视马克思主义的精神文化和社会主义的制度文化就在情理之中了，而令人遗憾的是这是以忽视物质文化作代价的。

（四）毛泽东文化思想对新时期社会转型的影响

任何一个历史人物的文化思想，无论是先进的还是落后的甚至是反动的，最终都要受到经济因素的制约，就像商品的价格最终会受到价值规律的制约一样。

从社会主义三大改造的基本完成到“文革”的结束，中国整整搞了20年的社会主义，却始终没有把工作着重点转到社会主义建设方面来。所以，社会主义优越性发挥得太少，社会生产力发展不快、不稳、不协调，人民的生活没有得到多大的改善，十年的“文革”更使人们吃了很大的苦头。也在这二十年，“亚洲四小龙”却能使经济迅速腾飞，跃居世界前列。纵向反思横向对比，中国人不得不重新审视自己。正是在这种历史条件下，邓小平在毛泽东探索的基础上，开始了新的探索。逐步提出了建设社会主义必须有一个很长的初级阶段的观点，社会主义的本质是解放和发展生产力的观点，改革开放的观点，社会主义市场经济的观点等等。解决了什么是社会主义和怎样建设社会主义的重大历史课题，真正找到了具有中国特色的社会主义道路，实现了马克思主义与中国实际相结合的第二次伟大飞跃，使中国人民开始富起来了。十几年来，国民生产总值平均增长速度名列世界前茅，人民生活和综合国力都上了一个大台阶，安定团结的政治局面不断巩固。尽管毛泽东没有实现第二次飞跃，然而他却无疑是为实现这次飞跃而苦苦求索献出毕生精力的伟大先驱。若没有他正反两方面经验的量的积累，要实现这样质的飞跃是不可想象的。因此可以说，尽管毛泽东的晚年文化思想出现某种程度的倒退，但却给邓小平文化思想的超越提供了前提，创造了契机。

总之，毛泽东的文化思想对中国社会的影响是巨大而深刻的，他对精神文化和制度文化的执着追求使半殖民地半封建的中国走上了社会主义道路，他对物质文化的相对忽视又使社会主义建设受到了挫折，当然这种挫折也是曲折前进的过程。我们没有苛求前人的权利，再伟大的人也是时代的产物，都会不可避免地受到历史条件的局限，关键是我们应如何履行好总结经验的义务，正确处理精神文化、物质文化和制度文化之间的关系使之形成最佳的运动机制，推进中国社会现代化的进程。①

① 原载《吉首大学学报》（社会科学版），1995年02期。

二

瞿秋白与五四运动

不管在参与还是在研究五四运动的历史上，瞿秋白都是不可或缺的人物。他既是五四运动的骨干，也是研究五四运动的先驱。在有关五四运动的人物研究中应该有他的一席之地。

瞿秋白不仅是中国共产党早期的主要领导人之一，而且与促成中国共产党成立的重要因素——五四运动有着不解之缘。但由于他对“左”倾盲动主义错误负有直接责任，以及身后在“文革”期间蒙受的不白之冤，以致在一些有关五四人物的罗列甚至著述中，很少看到他的名字。其实，不管在参与还是在研究五四运动的历史上，瞿秋白都是不可或缺的人物，这种历史的关联我们是不应该忘记的。

（一）五四运动的骨干

一九一九年震撼中外的五四运动爆发，瞿秋白“孤寂的生活被打破”，“抱着不可思议的‘热烈’投入了这场爱国运动”。他作为俄文专修馆的学生代表，率领同学们参加了5月4日天安门的示威游行和火烧赵家楼的行动。5月5日为营救被捕的32名学生，他领导俄专同学参加了北京各专门以上学校实行的总罢课。5月6日，瞿秋白出席了北京中等以上学校学生联合会的成立大会，并担任学联的评议部议员，参与议决学联的重大事项。学联成立后，瞿秋白作为学联评议部议员，参与决策和领导了营救被捕学生和挽留北大校长蔡元培的斗争，以及为抗议北京政府恐吓令从5月19日起再次实行的总罢课。

为了使斗争有条不紊地进行，经瞿秋白提议，东城区的俄文专修馆、汇文大学和铁路管理学校联合起来，形成了一个统一活动的小分队。瞿秋白和郑振铎、瞿世英等学生代表一起将学生组成演讲团，冒着初夏的骄阳活跃在北京街头，积极地开展讲演和抵制日货提倡国货的活动。5月21日之后北京实行完全军事管制，瞿秋白和朋友们的活动不得不带有一定的隐蔽性。正像郑振铎回忆所说："越到后来，我们的活动越困难，北大、师大都无法开会了，只好到东城根的'汇文'去开会。"瞿秋白经常冒着生命危险参加这些会议，在斗争中学会了机警地对付敌人，"在我们之中成为主要的'谋主'"。①

6月1日，北京政府连下两道命令：一是"表彰"被斥为卖国贼的曹汝霖、章宗祥、陆宗舆；一是取缔学生的一切爱国行动。这更激起了包括瞿秋白在内的北京学生的愤怒，从6月3日起，他们又重新走上街头演讲，被捕学生达八百多人。6月5日，各校出动讲演的学生增加到五千余人，加之，上海学生罢课、商人罢市、工人罢工的巨大压力，北京当局于6月7日释放全部被捕学生，并于10日罢免了曹汝霖、章宗祥、陆宗舆的职务。6月28日中国政府拒绝在和约上签字，五四运动的直接目的达到了。

正当同学们欢呼雀跃的时候，瞿秋白又开始了新的思考。7月17日瞿秋白便在《晨报》上发表《不签字后之办法》的文章，要求政府"须有手段，有眼光"，"万勿再与日本订立丧权之条约"，提醒全国人民"今日政府万不可靠"，主张"各地学生联合会多出书报，切实研究外交、政治"。这充分表现出瞿秋白的冷峻与理性，同时也说明，他不仅自始至终参与了北京的五四运动而且实实在在地充当着运动的骨干和中坚。

（二）早期的马克思主义者

五四运动对瞿秋白的影响是深刻的，使他由书斋走向社会，由"厌

① 郑振铎：《记瞿秋白同志早年的二三事》，《新观察》，1955年第12期。

世”到“入世”，在名目繁多的“新思潮”面前，重新开始了对中国社会问题的探索。从孔教问题、妇女问题，一直到劳动问题、社会改造问题，从文字上的文学问题，一直到人生观的哲学问题，无不在他的视野之中。

他以《新社会》旬刊为主要阵地，揭露社会的黑暗，宣传新思想、新文化，鼓吹社会改造、家庭革命，提出社会变革的方式和途径。他在《欧洲大战与国民自解》一文中大声疾呼：中国人赶快想法子去“适应世界的潮流，迎合世界的现势”，并在《革新的时机到了》一文中，批判了从孔子到程朱陆王一脉相承的“君子小人主义”，指出传播新思想的必要性和重要性，主张以普遍的平等代替某一阶级的平等，以实现“真正的民主，民治，民本”即“德谟克拉西主义”。在《中国的劳动问题？世界的劳动问题?》、《谁的利器》、《小小一个问题——妇女解放的问题》等一系列文章中，他都焦虑地思索着中国劳苦大众的现实生活和未来前途。他同情上海烟厂女工的境遇，发出“注意农业”的呼声，指出中国妇女身上的种种枷锁“全是旧宗教，旧学说，旧社会造出来的罪恶”，并希望青年“要细心去观察社会的病源”，以“诚恳”、“博爱”的态度与“和平”的方式，采取“实施教育”、“工学主义”和传播科学的途径改造社会。瞿秋白以犀利的笔法，正面攻击旧的社会制度，热情地鼓励人们为改造这个社会作出应有的贡献，这表明他已从本能的爱国主义转向了激进的民主主义。不过也应看到，他的一些“改造社会”的主张，明显地带有唯心主义和改良主义的色彩。当然，瞿秋白关注社会、改造社会的热情还是应予肯定的。

到了1920年，中国的思想潮流发生了明显的变化，马克思主义广泛传播起来。瞿秋白通过阅读李大钊、陈独秀的文章，开始接触马克思主义。他在读了李大钊《美利坚之宗教新村运动》后所写的文章中指出：美国宗教新村运动失败的原因，不在于“社会主义”而恰恰在于“非社会主义”，“马克思主义派的直接运动——是普遍的较易的进步的办法”。这是他第一次明确表示赞同马克思主义。1920年3月，李大钊在北京大学成立了“马克思主义学说研究会”，瞿秋白也加入其中，开始系统研究社会主义思想。不久他就发表了《伯伯尔之泛劳动主义观》一文，明确指出：要创造新社会，必须实行“激烈的改革运动——革命”，这说明瞿秋白对改造社会的探索已有新的突破，已由激进的民主主义转向了马克思主义的科学社会主义。为更好地从实践上了解和研究社会主义，1920 年 10 月，他以特约记者的身份，前往苏俄考察。在此期间，他以极大的热情客观公正地向自己的祖国介绍列宁领导下的第一个社会主义国家初创阶段的真实情况，宣传社会主义和共产主义的伟大理想，并在那里经张太雷的介绍加入了中国共产党。1923 年归国时，他已成为中国共产党的早期马克思主义理论家，而在不久后的五卅运动和大革命时代，他便成了“党内最有威信的领导人之一”。

可见，五四运动既是新民主主义革命的伟大开端，也是瞿秋白革命战斗生涯的光辉起点。他正是从这里开始把自己与祖国和人民解放的命运紧密地联结起来，正是从这里开始由爱国主义、民主主义走向社会主义和共产主义，并最终成长为一个真正成熟的马克思主义者。

（三）研究五四运动的先驱

中国共产党的早期领导人如陈独秀、李立三等，都对五四运动有过一定的评论或研究，但在中共党史学史上，最早运用马克思主义唯物史观系统研究五四运动的，却非瞿秋白莫属。

他早在 1921 年 1 月写的《中国工人的状况和他们对俄国的期望》一文，就开始了对五四运动的思考。他认为：“一九一九年五月四日发动的中国学生运动，多少唤起了中国的精神力量。现代中国青年指导，新思潮已经波及中国，未来的时代将是社会主义时代。”并深信俄国已经家喻户晓的“到民间去”的运动，“在中国也将很快开始”。[①] 这说明瞿

① 《瞿秋白文集》（政治理论篇第一卷），人民出版社，1998 年版，第 173 页。

秋白已初步认识到五四运动的影响和意义，但对五四运动的认知还仅停留在“学生运动“的层面上。

直到1925年，瞿秋白对五四运动的认知才有所深化。他在《五四纪念与民族革命运动》一文中明确指出：“单从五四是学生爱国运动及思想革命的纪念，未免减少了五四之政治上的意义。”“五四运动爆发，实在是分划中国之政治经济思想等为前后两时期的运动。”① 这不仅将对五四运动的认识由学生运动、新文化运动提升到政治运动的高度，而且将其作为中国新旧时期的转折点，这无疑对后来确立五四运动的历史地位奠定了基础。

后来，瞿秋白在《中国之革命的五月与马克思主义》、《1928年7月在共产国际第六次代表大会第三十一次会议上的报告》等文章中，对五四运动又作了进一步思考。他认为：五四运动是继辛亥革命之后的“中国第二次革命的发端”，是中国的“文艺复兴”的起点；五四运动能综合中国资本主义发展的结果，和普通平民反抗帝国主义的本能感觉与第三阶级进步的民主要求为一体，能在开始时便倾向于接近民众，用耶各宾式的革命手段为平民奋斗，这是以前运动所没有的；表面上五四运动仍旧不过是排日的民族运动，而内容上却实现了民权主义的真原则（革命的独裁制）。他深刻指出，五四运动爆发的首要原因在于“中国资产阶级的发达已经要求独立的本国工业”，而根本原因却在于列强之间的战争使中国资本主义得着小小的机会“发展这一半殖民地上的生产力”；断言“那外抗强权，内除国贼的政纲，如果没有这一经济基础，是决不会变成学生运动的”。他还将“抵制日货和提倡国货”当做五四运动的主要实质②，并作出“五四运动已经加入俄国的十月所开始的世界社会主义革命”的科学论断。

① 《瞿秋白论文集》，重庆出版社，1995年版，第146、147页。

② 《瞿秋白论文集》，重庆出版社，1995年版，第147、152页。

应该说，瞿秋白对五四运动的阐释是全面而深刻的，既言简意赅地指出了五四运动的精神、意义、特点、地位与作用，又深刻阐明了五四运动的实质及其产生的经济基础，同时，还在党史学史上，第一次将党史事件的发生与生产力的发展联系起来，这在五四运动研究的初期实属不易。尤其将五四运动置于世界革命的视野并作为中国第二次革命的发端，更具有划时代意义，对此后的五四评价与研究产生了深远影响。因此，瞿秋白作为五四运动研究的先驱和奠基人当之无愧。①

① 原载《前线》，2011 年 05 期。

三

瞿秋白主编党报党刊的现实启示

瞿秋白是早期党的报刊工作的卓越领导人，在他主编党报党刊的多年实践中，对党报党刊的政治导向、中心任务、经营路线等方面都有着独到的见解，时至今日亦不乏借鉴意义。

瞿秋白自1923年1月从苏联回国，先后主编《新青年》季刊、《前锋》、《向导》、《热血日报》、《布尔塞维克》和《红色中华》等党的报刊，为马克思主义在中国的广泛传播，为怎样用马克思主义的立场、观点和方法研究中国革命的一系列根本问题，为党的思想理论建设作出了开创性的贡献，同时也为如何办好党报党刊提供了有益启示。

（一）党报党刊要以马克思主义为导向

早在创办、编辑《新社会》期间，瞿秋白就开始有了马克思主义者的倾向，把一切社会问题当做一个整体来看。他主张中国人要有世界的眼光、历史的眼光，“去适应世界的潮流，适合世界的现势”，并撰文指出，“世界的进步向着社会主义”，“马克思主义运动不可少的”。他强调新闻工作者要逐步确立马克思主义的立场、观点和方法，认为代表党和人民利益的报刊必须旗帜鲜明地坚持真理。在瞿秋白看来“革命的理论永远不能和革命的实践相离”，“应用马克思主义于中国国情的工作，不可一日或缓”。[①] 所以他主编的党报党刊始终坚持马克思主义为导向，把列宁、斯大林关于国际共产主义运动的经验作为编发文章的突出内容。

① 《瞿秋白论文集》，重庆出版社，1995年版，第1、2页。

《新青年》杂志（季刊）第1期就是“共产国际号”专刊，其中瞿秋白自己翻译和写的稿件几乎占据了这期创刊号的一半。翻译的作品有共产国际“四大”的决议案、列宁《俄罗斯革命之五年》、斯大林《论列宁主义基础》和《国际歌》歌词，其中《俄罗斯革命之五年》是最早直接从俄文翻译的列宁著作之一。1923年9月瞿秋白在《新青年》杂志（季刊）第2期上发表的《自民权主义至社会主义》一文，第一次介绍马克思《德国之革命与反革命》和列宁《社会民主党在民主革命中的两种策略》、《怎么办》等著作及其思想，并结合中国的实际进一步论述了无产阶级在中国民主革命中的领导权问题。他明确指出：“落后国家无产阶级参加民权革命之职任愈大，资产阶级性的革命却须无产阶级领导方能胜利。”“马克思主义不是教无产阶级远避资产阶级革命或不参加资产阶级革命，……而是教无产阶级竭力引导革命到底。”① 瞿秋白还在《新青年》月刊第一期的“列宁号”上，翻译了斯大林的《列宁主义概论》，介绍了列宁主义的历史根源、列宁主义之方法、列宁主义与理论、列宁之无产阶级革命论、无产阶级独裁制论、列宁主义与无产阶级的政党等六个问题。他在《列宁主义与托洛茨基主义》一文中指出“对于农民的关系，是多数派与一切种种少数派之分水岭”，前者强调“无产阶级与农民阶级联盟”，后者“忽视而不顾农民利益”，深刻地揭示了列宁主义同托洛茨基主义在理论上的根本不同，指出列宁主义是唯一的无产阶级的革命的共产主义派，是无产阶级政治思想的最正确的指导者。

中国共产党成立后马列主义得到了广泛深入的传播，但也受到各种各样反动思想的袭击。瞿秋白及时联系当时中国的实际，积极开展同错误思潮的斗争。首先对代表封建文化的章士钊所主张的中国社会“是完美的”不必改革的观点进行批判，指出：在中国历史“实际上行向近代

① 《瞿秋白选集》，人民出版社，1985年版，第55~67页。

的科学社会主义”的时刻，章士钊的这种政治主张是要“斡旋天地，倒转历史”，“是逆着实际经济动向的幻想”。[①] 其次批判了资产阶级唯心主义，他在“科学与玄学”的论战中，针对张君劢的所谓“人生观超于科学之上”和胡适的所谓“自然主义人生观”的唯心主义论调，在《新青年》季刊上先后发表《自由世界与必然世界》和《实验主义与革命哲学》两篇文章，深刻指出：人类社会与自然界有本质的区别，探索社会现象的规律性，要从生产发展和社会关系上去寻找；人类欲求自由，必须树立科学的人生观，掌握和运用自然和社会的规律；实验主义不承认科学真理，其宇宙观根本上就是唯心论。从而驳斥了论战双方，阐明了马克思主义世界观、历史观和人生观的一致性，有力地捍卫了马克思主义。

时至今日，马克思主义在中国尽管早已取得了主导地位，但仍面临“后现代主义”、“后殖民主义”、“全球化”等国际思潮的强烈挑战，以及对马克思主义本身的误解，比如“马克思主义过时论”、“马克思主义分裂论”、“马克思主义非科学论”等错误观点还有一定的市场，马克思主义中国化、时代化、大众化依然“断不可一日或缓”。因此，党报党刊作为党的喉舌必须毫不动摇地以马克思主义为导向。

（二）党报党刊要紧紧围绕党的中心工作

瞿秋白主编的党报党刊紧紧围绕党的中心工作，以宣传党的路线、方针、政策，发动人民群众和指导现实斗争为己任，为革命的不断推进发挥了重要的舆论和指导作用。

瞿秋白编辑和主编的《向导》周报，围绕党的中心工作，集中力量宣传党的“二大”纲领，并十分重视对革命所面对的政治形势和政治事件的分析评论，特辟“时事述评”、“时事短评”、“中国一周”、“世界

① 《瞿秋白论文集》，重庆出版社，1995 年版，第 37 页。

一周”等专栏，及时编发时事政治评论，指导全党和革命群众认清形势，正确开展革命斗争。

在主编《新青年》、《前锋》期间，瞿秋白为了配合党在国共合作时期必须研究解决中国革命的一些理论和政策问题这一中心工作，连续编发了40多篇文章从理论上论证了党的民主革命纲领和策略，深入宣传了党的“三大”和“四大”所制定的路线方针政策，为中国共产党领导的无产阶级革命斗争做了宣传鼓动和舆论导向工作。

在五卅运动中诞生由瞿秋白主编的《热血日报》更富有战斗性。该报的发刊词指出：“现在全上海市民的热血，已被外人的枪弹烧得沸腾到了顶点，民族自由的争斗是个普遍的长期的争斗”，并鼓舞人们“心中果然有热的血，不愁将来手中没有冷的铁，热的血一旦得着冷的铁，便是强者之末运”。面对“六国沪案调查委员会”的欺骗，《热血日报》发表《公使团与开枪的西捕》、《无耻的美帝国主义》等文予以戳穿，号召人们不要对帝国主义抱有任何幻想。该报非常重视报道上海和全国人民反帝斗争的消息，专门开辟《罢市罢工消息汇志》，读者每天可以及时地从这里看到上海和全国人民爱国反帝运动的情况与经验，了解党的方针政策。另外，还大量报道了世界各国人民在政治上、道义上、物质上支援中国人民反帝斗争的消息，这就更加激发了中国人民坚持进行反帝斗争的热情。《热血日报》几乎每期都有瞿秋白的文章，如《工商学联合会与上海市民》、《监督政府的外交》、《上海总商会究竟要的甚么?》、《谁是敌，谁是友?》、《推翻媚外的军阀官僚》、《五卅惨案与废除不平等条约》等等。这些文章对于五卅运动无不具有实际的指导意义。

大革命失败后，蒋介石、汪精卫一面屠杀工农，一面又以孙中山信徒自居，继续以他背叛和篡改了的“三民主义”蛊惑人心，欺骗民众。瞿秋白主编的《布尔塞维克》及时地揭穿他们伪三民主义的本质。他在发刊词中一针见血地指出，国民党已经“背弃他们自己的三民主义”，“将改组后的国民党送终了”。另外，《布尔塞维克》对南昌起义、秋收起义也都及时地予以肯定和讴歌，尤其对广州起义的爆发、成功和失败连出三期专刊进行了认真分析和总结。瞿秋白还亲自撰写《武装暴动问题》《只有工农兵政府能解放中国》、《两个国内战争》和《中国的苏维埃政权与社会主义》等文章，对中国革命的性质、任务和前途进行了深入探讨，提出了中国的出路在于推翻国民党政权，建立苏维埃政府的主张。

瞿秋白主编的《红色中华》也紧紧围绕党在苏区的中心工作，宣传内容以扩红、征粮、动员群众、保卫苏区为主。他写的《节省每一粒谷子来帮助战争》等文章对粉碎敌人的“围剿”和经济封锁既有针对性又有指导性。他发表的《中国能否抗日》一文，有力地驳斥了国民党的“中国无力抗日”的谬论，坚定了国人抗战必胜的信心。应该说，《红色中华》为着苏维埃政权的巩固和发展，为着动员民众的一切力量，加入于伟大的革命斗争，发挥了极大的宣传和指导作用。

宣传理论和指导实践是党报党刊的使命和传统，不管是革命、建设或改革都离不开理论指导。在建设中国特色社会主义伟大实践中，发扬革命传统，不辱使命，牢固树立政治意识、大局意识、责任意识、阵地意识，把坚持正确导向放在新闻宣传工作的首位，唱响主旋律依然是党报党刊义不容辞的责任。

（三）党报党刊要坚持走群众路线

要办好党报报刊，就必须依靠人民的力量，走群众办报的路线，而要走群众办报的路线既要建立一支全国系统的工农兵通讯队伍，又要重视与读者的联系，还要注意报刊文风的通俗化。这是瞿秋白主编党报党刊的一个重要思想。

在主编《红色中华》期间，瞿秋白充分依靠群众办报，专门成立通讯部，制定了培养通讯员的措施和方法，形成了庞大的通讯网络。他认为，工农兵通讯运动对于中央机关报，可以有很大的帮助，可以通过广大通讯员把党的报刊和人民群众联系起来，充分发挥群众的积极性和战斗力，这是党报依靠群众、密切联系群众的一条重要途径。

瞿秋白还特别重视报社和广大读者的联系。他在《向导》上辟有“读者之声”栏目，广泛听取来自基层的意见和建议，努力提高报刊质量以满足读者的要求；常以《向导》记者的身份答读者问，通过答问释疑，阐明党的立场和观点，宣传真理教育群众，统一人们的思想认识。在主编《热血日报》时，他常亲自深入到工人住区去调查研究，以便有的放矢地进行宣传。他还发动群众办报，组织工人群众自己写新闻。另外，他特别注意利用报纸的访员、通讯员来组织读者读报会，以此来加强报纸与读者的联系。由于坚持走群众路线，党报的发行工作相当出色。《热血日报》的销量达 3 万多份，超过了具有 10 年历史的《民国日报》。《红色中华》也在“工农兵通讯运动”的推动下发行量达到了 4 万多份，发行到各个革命根据地，甚至是偏僻的山区和国统区的中心城市，极大地发挥了党报的“喉舌”作用，产生了很大影响。

为保证群众接受的广泛性，瞿秋白在办报过程中一贯倡导树立通俗朴实的文风，强调“脸向着群众”。他认为要做到这一点，首先是报刊文章的内容要贴近群众，要反映人民群众的要求。其次是报刊的语言文字问题。他在《谈谈工厂小报和群众报纸》一文中指出：“一定要用口头读出来普通工人可以懂得的话来写……用真正的白话，而且是浅近的白话，每一次用到新名词一定要顺便的解释；句法要简单、明了、短俏，代名词要确切、清楚，如果不能够，那么，宁可多用几次名词；缩短语越少用越好……这虽然不是最重要的问题，却是第一个问题，是先决问题。”鉴于此，他主编的党报党刊都要求篇幅短小精悍，文字通俗易懂，观点开门见山，编排活泼新颖，栏目形式多样。他主编的《红色中华》就有“社论”、“要闻”、“专电”、“红角”、“小时评”、“突击队”、“党的生活”、“工农通讯”“红色区域建设”、“红色小辞典”、“赤色战士通讯”、“工农民主法庭”、“中央革命根据地消息”等十几个栏目。在编辑

《热血日报》时，瞿秋白还采用了不少的民间文学形式，如京调、五更调、泗州调、十二月花名、无锡景调等通俗歌谣。他在刊物上发表的《救国十二花名》就以孟姜女调的形式抒写了五卅运动前后工人群众的斗争史实，呼吁工人群众团结奋斗。另外，瞿秋白还在《关于〈红色中华〉报的意见》中，建议中央局出版一种通俗的《工农报》以便使党的路线、方针、政策普及到能够勉强读得懂最浅显文字的读者群众中去。可见，走群众路线不仅是党报党刊占有市场的关键，也是党报党刊发挥应有作用的根本途径。

现在党报党刊的发行主要是靠行政渠道，个人订党报党刊的不是太多。这说明我们的党报党刊不论是形式、内容、还是语言都还不同程度地存在着脱离群众的现象。因此，瞿秋白党报党刊要走群众路线的思想与实践至今仍有特别重要的现实意义。①

---

① 原载《新闻爱好者》，2011年01期。

四

蔡和森在中共历史上的三个贡献

在中共历史上，能占一个第一就实属不易，蔡和森却至少创造了三个第一：他是系统提出中共建党思想的第一人，是中央机关报《向导》的第一任主编，还是国内第一部党史专著的作者。

蔡和森参与了中国共产党的创建，是党的早期卓越领导人之一，杰出的马克思主义理论家、宣传家和政治活动家。他在中共历史上以其36岁的短暂人生创造了至少三个第一。

（一）系统提出中共建党思想的第一人

众所周知，最早酝酿在中国建立共产党的是陈独秀和李大钊，但他们并没有形成系统的建党思想。蔡和森在法国勤工俭学期间，“猛看猛译”马列文献，较早接触到共产国际第二次代表大会通过的《加入共产国际的条件》，并在其影响和启发下最早系统提出中国共产党的建党思想。这一思想比较集中地反映在他1920年8月和9月给毛泽东的两封长信以及1921年2月给陈独秀的《马克思主义学说与中国无产阶级》的长信中，其内容主要有如下三个方面。

首先，蔡和森旗帜鲜明地提出：若要改造中国，必先“明目张胆地成立一个中国共产党”①。因为共产党是无产阶级革命运动的“利器”，“是革命运动的发动者、宣传者、先锋队、作战部。以中国现在的情形看来，须先组织他，然后工团、合作社，才能发生有力的组织。革命运

① 《蔡和森文集》湖南人民出版社，1980年版，第71页。

动、劳动运动，才有神经中枢”[①]。他认为，十月革命以后，各国共产党如雨后春笋般的成立，“观此变可知世界大势所趋”，“而中国民众运动幼稚如此，非组织与俄一致的共产党，，则民众运动、劳动运动、改造运动皆不会有力，不会彻底”。[②] 至于党的阶级基础，他不认为“小工小农不识不知，以穷乏惨若归之命”。相反，他深信“一旦阶级觉悟发生，其气焰必不减于西欧东欧”。[③]

其次，蔡和森主张中国共产党的指导思想必须是马克思列宁主义。他认为：“马克思的学理由三点出发：在历史上发明他的唯物史观；在经济上发明他的资本论；在政治上发明他的阶级战争说。三者一以贯之，遂成为革命的马克思主义。”在他看来，“现在世界显然为两个敌对的阶级世界，学说亦显然划了鸿沟。自柏拉图统御以来的哲学思想，显然为有产阶级的思想”。“马克思的唯物史观，显然为无产阶级的思想。”他在 1920 年 8 月给毛泽东的信中说：“我意中国于二年内须成立一主义明确方法得当和俄一致的党，这事关系不小，望你注意。”就是强调要以马列主义为指导，依照俄国布尔什维克党的建党原则和方法组建共产党。

再次，蔡和森强调中国共产党必须制定正确的纲领、策略和组织原则。他指出：“社会主义真为改造现世界对症之方，中国也不能外此。社会主义必要之方法阶级战争——无产阶级专政。”并进一步指出：“不专政则不能改造社会、保护革命。”为说明这一主张，他专门列了这样的公式：“方法 = 阶级战争 + 阶级专政”，“目的 = 创造共产主义社会”。为了保证实现党的这一纲领和目的，蔡和森强调党的组织必须集中统一，并且有严格的纪律。他主张“党的最高机关为中央委员会”，“无论报纸、议院、团体及各种运动，绝对受中央委员会的指挥和监督，绝不准单独自由活动”。“党的组织为极集权的组织，党的纪律为铁的纪律，必

① 《蔡和森文集》第 51 页。
② 《蔡和森文集》第 69 页。
③ 《蔡和森文集》第 53 页。

如此才能养成少数极觉悟极有组织的分子，适应战争时代及担负偌大的改造事业。”

蔡和森的上述建党思想和主张深深地帮助和影响了中国共产党的创建工作，保证了这个党从成立那天开始，就是一个真正以马列主义为思想基础的无产阶级政党。

（二）党中央机关报《向导》的第一任主编

1921 年 10 月，蔡和森因领导勤工俭学学生斗争，被法国政府强行遣送回国。同年底，他经陈独秀等人介绍在上海加入中国共产党，1922 年 6 月，他出席了党的二大，参与起草了二大宣言，并同妻子向警予一起当选为中央委员。为了宣传二大的政治纲领及一系列决议，中共中央在 1922 年 8 月召开的“西湖会议”上，接受共产国际驻中国代表马林“以办一种短小精悍的周报为宜”的意见，决定将原秘密出版的《共产党》月刊停刊，创办公开发行的《向导》周报为党的政治机关报，由蔡和森任主编。经过一段时间的筹备，1922 年 9 月 13 日《向导》周报在上海正式出版发行。

蔡和森一向重视舆论宣传的作用，致力于出版一种理论刊物，是他多年的愿望。早在留法勤工俭学时，就曾写信给陈独秀等人，建议打破国内言论界的沉寂，创办“有主义、有系统的出版物”，传播“各国社会运动的真情”，“做一种有系统、有主张极鲜明强固的文化运动”。回国后有机会创办、主编党的机关报，他当然乐此不疲，不辱使命，以顽强的毅力、饱满的热情和废寝忘食的拼命精神，致力于这项意义非同寻常的工作。从组稿、发排、校对，到联系印刷，他都亲自过问。为了防止反动派的突然袭击，《向导》周报编辑部地址经常搬迁，出刊日期也经常更改。在经费十分困难的情况下，他还要以编辑部的名义，经常向国内外的热心读者和革命同志募捐，从而基本保证了《向导》周报的正常出刊。蔡和森主编《向导》周报以贯彻反帝反封纲领为宗旨，紧密联系社会实际，及时介绍党的方针政策，客观报道国内发生的政治事件。同时，还根据不同时期不同内容的需要，开辟了多种形式的专栏。比如，从第25期起开辟《中国一周》、《世界一周》专栏，从第56期起，开辟《什么话》、《麻肉世界》、《政治常识》专栏，还在重大节日、纪念日推出特刊，曾先后出版《十月革命特刊》、《列宁去世一周年纪念特刊》、《孙中山先生特刊》、《五一特刊》等。另外，还特设《外患日志》、《读者之声》、《各地通信》等专栏，从而使《向导》既有重点突出的内容又有喜闻乐见的形式，发行量由数千份增至十余万份，成为大革命时期国内最有影响的刊物之一。

蔡和森既是《向导》的主编也是主要撰稿人之一。在他任职的相当一段时间，几乎每期都有他的文章，有时一期多至四五篇。除以“本报同人”、“记者”身份发的文章外，他以“和森”、“振宇”署名发表的文章就有166篇，是仅次于陈独秀的高产作者。他的文章不仅文笔酣畅，通俗易懂，体裁多样，而且观点鲜明，思想深刻。他提出的诸如“帝国主义是纸老虎”、“用民众武装解除军阀武装”以及“统一战线中批评同盟者、保持独立性”等一系列观点，对于克服国民党人士的软弱性和妥协性，克服共产党人中的右倾，促进工农运动和全国革命运动的发展，起了重要的作用。尽管在他任职两年零八个月之后离开《向导》，分别由瞿秋白和彭述之继任第二、三任主编，但他的名字始终是与《向导》联系在一起的。正如李立三所说：“《向导》的功绩正是和森同志在中国革命中表现的极大的功绩。”①

（三）撰写国内第一部中共党史专著

1925年10月，蔡和森离开《向导》赴莫斯科参加共产国际执委会

---

① 李立三《纪念蔡和森》，见蔡畅：《无产阶级革命精神永放光芒——纪念我党早期卓越领导人蔡和森同志》第9～10页。

第六次扩大会议，其间应邀至莫斯科东方大学中共旅俄支部，作了《中国共产党史的发展》报告。这个报告后经向警予等人整理长达五万余言，并油印成册，流传至今，被公认为是国内第一部中共党史专著。

蔡和森在这部专著中阐述了中国共产党产生的历史背景，党的历史使命、政治生活与劳动运动的发展，以及党的“二大”、“三大”、“四大”的主要内容，并提出了许多影响至今的重要观点。比如“马克思主义列宁主义与世界各国共产党是一致的，但当应用到各国去，应用到实际上去才行的”观点，无疑是毛泽东提出的“马克思主义中国化”的先声。比如从“中国产业的发展”、“自然的罢工运动”、“五四运动”、“十月革命”和“先进分子的形成”五个方面来说明中国共产党产生的历史必然性的解释框架已成为撰写党史相关部分的一种基本思路。比如他提出的“我们的政治路线是反帝国主义和军阀的联合政策”是“引导全国民众作反帝国主义、打倒军阀的民族革命”的观点，事实上成了新民主主义革命总路线的最初表述。尤其他提出的“中国共产党的政治环境是资产阶级德莫克拉西尚未成功，而是半殖民地半封建”的科学论断，是就目前所见资料中对近代中国社会性质的第一次科学概括。

蔡和森不仅对早期中共党史进行了开拓性研究，而且对中共党史研究的理论与方法也作出了有益探索。比如，他在“报告的意义”中指出“要知道中国革命及我党要如何发展及其发展的道路如何”，要知道“党的生活及其斗争经验”，以及“要做一个好党员”，“那就必须亲切的深刻的知道党的历史”。况且“我党虽仍青年，但是已经有了很多的复杂的事实，而值得我们研究了”。这实际上是从研究党史的必要性和可行性两个方面回答了为什么研究党史这一党史学上的首要问题。那么，怎样研究中共党史呢？对这一问题最早作出系统回答的是毛泽东1942年写的《如何研究中共党史》，但最早探索这一问题的却是蔡和森。

他在“中国共产党产生的背景”部分，开篇就说：“我们都是马克思主义者，所以我们绝对不会把一个政党的产生当作是脑筋中幻想出来的或者是几个学者创造出来的。一个政党的发生，必有其阶级的、政治的、经济的背景的。”① 并在“总结论”中进一步指出中共党史就是“说明党产生的主观条件和客观条件”，“说明党的政治状况，劳动运动的发展及党内部的政治生活状况”，“说明党如何由小团体而形成大的政党”。可见，蔡和森已经自觉不自觉地认识到，中共党史研究应该以马克思主义唯物史观为指导，以党的发展过程为对象，以党的政治状况、经济状况和生活状况为基本内容。这就初步建立了中共党史研究的体系框架。另外，他在这部著作中运用的一些研究方法，比如用来“说明党的发展阶段、程度和道路”的历史分析法，用来说明“吾党虽只有五年短的历史”，但在“由经济的争斗走到政治的争斗”方面，已超过欧洲工人阶级政党的“长期历史”的比较分析法，还有用来说明“五卅”运动中“资产阶级两面性”的阶级分析法，也都为中共党史的研究奠定了初步的方法论基础。

由上可见，蔡和森在中共历史上的三个第一，实际上是他从事革命事业的三个不同时期（即国外、国内、再国外）的三个标志性贡献。其他非标志性“第一”，比如第一次提出帝国主义是“纸老虎”的论断，第一次使用“半殖民地半封建”概念等都已被涵盖其中，成为第一中的第一。

---

① 蔡和森：《中国共产党史的发展》，见《中共党史报告选编》，中共中央党校出版社，1982年第3页。

五

中共历史上的四次“三反”运动

运动反腐是党在社会主义革命和建设时期进行自身建设的一种常规模式，仅以“三反”命名的运动就有“三反运动”、“新三反运动”、基层的“三反运动”和“一打三反”运动四次。实践证明，这种反腐模式尽管效果明显，但也存有一定的历史局限性，以致后来被停止使用。

提起“三反”运动，大家都不陌生，但若问起党史上究竟有多少个“三反”运动，恐怕不少人都知之不详。其实，以“三反”命名的运动共有四次，分别发生在20世纪的50、60和70年代，正是这一个又一个的“三反”运动，构成了党在社会主义革命和建设时期反腐倡廉的主线。

（一）侧重反贪污的“三反”运动

早在1948年底中国革命即将取得全国胜利之际，刘少奇就在《对中央马列学院第一班学员的讲话》中指出：“很多人担心，我们未得天下时艰苦奋斗，得天下后可能同国民党一样腐化。”并断言：“胜利后，一定会有些人腐化、官僚化。”① 他的这一预见很快被随后的历史所证实。

建国后不久，一些党和政府的工作人员贪污受贿，官僚主义现象就不断发生。据不完全统计，上海解放至1951年底，全市发生大小贪污案

① 《刘少奇选集》（上卷），人民出版社，1985年版，第413页。

件3002件，贪污分子3230人，贪污总额达386亿元。[①] 据北京市委报告，从建国至1950年5月止，仅北京市就有182名党员干部违反政策和法律，其中贪污腐化者达88人。据东北工矿地区不完全统计，1949年至1950年3月期间，由于官僚主义的不负责任态度造成的破坏事件达253次，其中仅19次的损失即达2000万元[②]。尤其1951年11月29日华北局报告的天津地委书记刘青山、专员张子善贪污、挥霍、盗用公款高达196.7万元的严重情况，引起了中央的高度重视。12月1日中共中央迅速作出《关于实行精兵简政、增产节约、反对贪污、反对浪费和反对官僚主义的决定》，决定指出：进城两年来，严重的贪污案不断发生，其根本原因在于官僚主义作风。各级领导机关必须大张旗鼓地，进行反对贪污、反对浪费和反对官僚主义的坚决斗争。

1952年1月4日党中央下达了限期发动"三反"运动的指示，全国县级以上的机关单位，动员干部和全体工作人员学习文件，统一思想，自我坦白，检举贪污行为。一场群众性的"三反"运动很快在全国形成高潮。为推动运动的发展，党中央及时抓住典型重大案件严肃处理。2月1日，北京市召开公判大会，由最高人民法院对七名大贪污犯进行宣判，其中两人被判处死刑。2月10日，河北省人民法院经最高人民法院核准判决，对刘青山、张子善执行枪决。公审之前，当时担任天津市委书记的黄敬，通过薄一波向毛泽东转达意见说："刘、张错误严重，罪有应得，当判重刑。但考虑到他们在战争年代出生入死，有过功劳，在干部中影响较大，是否可以不枪毙，给他们一个改造机会。"毛泽东拒绝道："正因为他们两人的地位高，功劳大，影响大，所以才要下决心处决他们。只有处决他们，才可能挽救20个，200个，2000个，20000

---

① 旧人民币1万元等于现在人民币1元。

② 《中共党史参考资料》（上）人民出版社，1979年版，第41页。

个犯有各种不同程度错误的干部。"① 处决刘、张的枪声一响，举世震惊。对此案的处理，表明了中国共产党反腐败的决心和气概。

"三反"运动于1952年10月结束，据统计，被判处有期徒刑的9942人，无期徒刑的67人，死刑立即执行的42人，死刑缓期执行的9人。总的说来，这次运动教育了干部的大多数，挽救了犯错误的同志，清除了一批腐败分子，对于形成健康的社会风气，保证新民主主义社会向社会主义社会的过渡，产生了积极的重大影响。

（二）反官僚主义的"新三反"运动

刚结束不久的"三反"运动由于其范围仅限于中央、大行政区、省市和专区四级，加之其重点是反贪污，所以尽管取得了明显的成就，但在克服官僚主义作风方面却收效甚微，尤其县级以下的基层干部官僚主义、违法乱纪现象比较普遍。1952年11月17日，山东分局纪律检查委员会向毛泽东和党中央提交了《关于反对官僚主义、反对命令主义、反对违法乱纪的意见的报告》，这份报告反映的基层组织存在的诸如强迫命令，打骂群众，乱捕乱押，打击报复，包庇反革命分子，甚至强奸妇女，逼死、打死人命等一些违法乱纪现象，令毛泽东十分震惊。他认为"这是反动统治阶级对待人民的反动作风（反人民作风，国民党作风）的残余在我们党和政府内的反映的问题"。并亲自起草了《关于反对官僚主义、反对命令主义，反对违法乱纪的指示》，该指示由中共中央于1953年1月5日发出，从而开始了全国范围的"新三反"运动。

"新三反"运动从山东开始推向全国，从处理人民来信入手，采取"边反、边防、边建"的方针，基本方法是"抓两头、带中间"，即一头由各级领导机关及负责干部自上而下地检讨官僚主义作风，层层带动下

① 薄一波：《若干重大决策与事件的回顾》（上卷），中共中央党校出版社，1991年版，第152页。

级同志进行自我检讨；一头抓突出的坏人坏事，大张旗鼓地加以处理。从1953年3月开始，中央部委机关组织了100多个检查组深入基层。华北、西北及华东地区的许多省市领导也组织检查组，对下级机关进行工作检查。西北局检查组最先发现了区乡工作中任务多、会议集训多、公文报告表册多、组织多、积极分子兼职多等严重的“五多”问题，并向中央作了报告。1953年3月19日，毛泽东代表中共中央作了《中央关于解决区乡工作中“五多”问题的指示》，从3月底开始，各地陆续将解决“五多”问题作为反官僚主义的重要内容来抓。另外，运动还采取自下而上的方法鼓励群众检举揭发党员干部存在的官僚主义和违法乱纪问题，各地都严肃处理了一批典型案件。如就强迫群众拔棉490多亩，造成巨大损失的“苍山拔棉事件”，中共山东分局1953年1月19日作出决定，给苍山县委委员、县长张作臣以开除党籍处分，并建议政府将其撤职法办，给县委书记徐迅以撤销工作的处分，给苍山县委以指责处分，临沂专区并拨专款补偿拔棉群众损失。又如湖南安化县五区的村干部曹春生，因活活打死提意见村民，被判处死刑。还有山东济宁赵武堂乡副乡长王书坤，因强奸、轮奸多名妇女，也被判处死刑。惩处坏分子的地方，人心大快，群众如重见天日，党群关系有明显改善。

“新三反”运动是新中国成立以来第一次矛头直指官僚主义的大规模群众运动。与“三反”运动不同的是，它是在检查和落实中心工作的过程中进行的，而没有单纯去搞运动。这场运动历时半年之久，在全国各地、各部门都取得了明显的成效，基本上达到了预期的目的。

（三）农村基层的“三反”运动

“新三反”运动尽管颇有成效，但因对官僚主义根源的认识局限在“反动作风的残余”上，而没有从制度层面上解决问题，对反贪污、浪费也只是附带进行，加之“大跃进”、人民公社化运动特别是庐山会议后再次“大跃进”对干部作风的严重影响，以致“共产风、浮夸风、命令风”又都刮起来了。另外还有三风：贪污、浪费、官僚主义，又大发作危害人民”。[①] 比如，安徽凤阳县的一个大队长，50天喝了70斤酒，并以每月45元的工资专门雇人为他捕鱼吃。还有一个公社专门开一间小吃部，供公社干部吃喝。据1959年安徽凤阳县六级干部会议的材料，参加会议的县、社、大队、生产队、生产组各层干部共4891人，其中经济账目不清的4062人，占到会干部数的87.14%。在这4062人中，贪污的有662人，挪用公款的962人，占小便宜的377人，铺张浪费的734人。共贪污39004元，挪用41788元，超支101345元，占小便宜2113元，浪费720元，合计191511元，人均47元以上。[②] 这些数字，一定程度上反映了当时干部队伍的状况。

在这种背景下，中共中央于1960年5月15日发出《关于在农村中开展“三反”运动的指示》，要求在农村基层开展反贪污、反浪费、反官僚主义的运动。运动原则是以教育为主、惩办为辅，紧密地结合生产、利用农事间隙时间来进行，不论什么人，不论贪污、多占、挪用的数量大小，都必退必赔。为了正确开展“三反”运动，中共中央监委召开会议制定了具体政策：对贪污300元以上1000元以下的必须给予必要的处分，凡贪污1000元以上的定为大贪污犯，给予刑事处分，是党员的开除党籍；对犯有官僚主义错误的人，主要是进行教育，但对不负责、丧失职守且造成恶果者，给予撤销职务和其他处分；对犯有严重铺张浪费错误而造成重大损失的干部，应追究责任，必要时给予适当的纪律处分。这次会议还规定对犯错误干部的处分控制面应大体占参加运动干部的3%，其中受撤职和开除党籍处分的占1%。

1960年11月3日，中共中央为纠正“大跃进”和人民公社化运动的错误，发出《中共中央关于农村人民公社当前政策问题的紧急指示

① 《农业集体化重要文件汇编》（下），第318页。

② 《乡村三十年——凤阳农村社会经济发展实录（1949～1983）》（上），农村读物出版社，1989年版，第184～185页。

信》，要求普遍展开一个整风整社的群众运动，坚决反对贪污、浪费和官僚主义，彻底纠正“共产风”、“浮夸风”和“命令风”，反对干部特殊化、任用私人、徇私舞弊、打骂群众的国民党作风和违法乱纪行为，用领导和群众“两头挤”以及用由上而下和由下而上相结合的方法，把农村“三反”贯彻到底，把整风整社搞深搞透。此后，三反运动不再单独作为一项运动来进行。

农村基层的“三反”运动尽管出现了处理宽严不一的偏差，但就总体而言还是比较温和的。它的特点在于把经济上以至政治上的纠“左”与整顿干部作风密切结合起来。这对纠正农民反映最为强烈的五风，改变干部作风，推动农村经济政策的调整，起到了积极作用。

（四）扩大的“一打三反”运动

农村“三反”运动并没有涉及城市，加之1961年调整国民经济的“八字方针”的实施，和1962年“七千人大会”后中央采取的一系列放宽搞活的经济政策，导致社会上出现了倒买倒卖国家物资、企业财产账目不清、干部多吃多占、损公肥私、以权欺众、贪污盗窃等违法乱纪现象。1963年2月，中央会议决定在农村进行以“四清”即清账目、清仓库、清财物、清工分为主要内容的社会主义教育运动，在城市开展反对贪污盗窃、反对投机倒把、反对铺张浪费、反对分散主义、反对官僚主义的“五反”运动。这场历时三年之久的运动虽然对于解决干部作风和经济管理等方面的问题起了一定作用，但在“以阶级斗争为纲”“左”倾思想的指导下，不少基层干部受到不应有的打击，尤其1965年初又把运动的重点转向整党内走资本主义道路的当权派，以致这场运动最终被“文革”所取代。

“文革”期间，毛泽东针对革委会成立不久就产生的铺张浪费，财政失控的状况，及时发出“节约闹革命”的号召。1967年3月16日，中共中央、国务院、中央军委发出了《关于保护国家财产，节约闹革命的通知》。1968年2月18日，中央又发出《关于进一步实行节约闹革命，坚决节约开支的紧急通知》。类似的文件几乎年年都发，但贪污盗窃、铺张浪费、追求奢侈的风气愈演愈烈。一小撮阶级敌人与暗藏在国家财经部门的坏人相勾结，有的倒贩票证，倒卖国家物资；有的行贿、受贿、走后门、私分商品；有的大搞黑市活动，牟取暴利；同时，有些单位大兴土木，讲排场，摆阔气，请客送礼，挥霍浪费国家资财。与此同时，中苏关系也日趋紧张。1969年3月，中苏边境发生珍宝岛武装冲突，8月13日，又发生了新疆裕民县铁列克提事件，中苏边境形势全面恶化。

鉴于当时复杂的国内外形势，1970年1月31日中共中央发出《关于打击反革命破坏活动的指示》指出，要放手发动群众，对反革命分子检举、揭发、清查、批判，对散布战争恐怖、盗窃国家机密、秘密串联、乘机翻案等破坏行为"必须坚决地稳、准、狠地予以打击"。2月5日，中共中央为遏制"文革"以来的干部腐败势头，又发出《关于反对贪污盗窃、投机倒把的指示》和《关于反对铺张浪费的通知》，重申不准"走后门"，一切地下工厂、商店、包工队、运输队必须坚决取缔；严禁新建、扩建和改建楼堂馆所，已施工的要一律暂停下来；任何地方不许兴建高标准的城市建设工程；一切机关、部队、团体、学校等企事业单位，一律停止添置非生产性设备。正是上述三个文件吹响了"一打三反"运动的号角。

"一打三反"运动，由于理论上"一打"与"三反"并提，实践上"一打"与"三反"缺乏政策区分，从而把"三反"这种政策性极强的工作，搞成了一场简单、激烈的阶级斗争。这既不能有效地遏制腐败，又容易造成冤假错案。据不完全统计，从1970年1月到11月底，全国共批准逮捕28.48万人，被判处死刑的达9000多人，其中大量的是冤假错案。

这场声势浩大的"一打三反"运动，是在"用战备的观点，观察一切、检查一切、落实一切”的要求和背景下开展的，被认为是“打击帝、修、反”的斗争，所以，运动虽然也处理了一些反革命分子及投机倒把、贪污盗窃分子，对铺张浪费现象产生了一定的遏制作用，但也造成了阶级斗争扩大化的严重后果。

由上可见，三反运动是党在社会主义革命和建设时期反腐倡廉的主要模式，这种模式是以中央发动、群众参与、教育为主、制裁为辅、集中时间进行的运动模式。这种模式对反腐倡廉确实发挥了重要作用，但由于缺乏必要的制度规范，不免制造了一些冤假错案，同时这种群众运动的形式也给正常的社会秩序带来了一定冲击，有逆民主化法制化的时代潮流，以致后来被停止使用。①

① 原载《人民论坛》，2011年15期。

六

“文革” 改革与革命

——兼评“告别革命”论

革命是根本性变革，但根本性变革未必是革命。只有促进生产力发展、社会进步的根本性变革才是真正的革命。正是从这个意义上说，“文革”不是革命，而改革却是革命。狭义和广义上的革命都不可能“告别”。

（一）革命的内涵

不管讲授《中国近现代史纲要》、《中国共产党历史》，还是讲授《毛泽东思想和中国特色社会主义理论体系概论》，恐怕都有一个绕不过去的问题，那就是：为什么说“文革”不是革命而改革却是第二次革命？要讲清这个问题必须首先弄清，什么是革命。

“革命”一词古已有之。汉语中的“革”字是指从动物身上剥皮制革之意，从这里引申出更改、变更、改动之意。“命”字在汉语中有“天命”、“政令”、“使命”、“授命”之意。“革命”作为一个动宾词组是“收回天命”“变更天命”“改变天命”之意。中国古代《周易·革卦·彖传》中，就有“天地革而四时成，汤武革命，顺乎天而应乎人”的说法，意指纪元前商王汤讨伐夏桀和周武王讨伐商纣，实施变革更替朝代以应大命。这里的革即变革，命即天命，是对革命的一种神学解释。在西方，古罗马历史学家李维在其《罗马史》中把罗马共和国的建立看作是一种道德行为，认为这是有道德的人战胜了塔奎尼乌斯王的统治。意大利学者马基雅维利从心理学角度将革命产生的原因解释为：“人们因为希望改变自己的境遇，愿意更换他们的统治者，并且这种希望促使他们拿起武器去反对他们的统治者。”① 美国政治家杰克·A 戈德斯通却从政治学角度认为革命就是权力之争，“不同集团，其中包括前政府，都力争使自己成为中央权力”。② 而近代以来，革命的内涵更加凸显暴力性。比如马克思就曾明确指出“革命是历史的火车头”③，共产党人的目的，“只有用暴力推翻全部现存的社会制度才能达到”④。毛泽东在《湖南农民运动考察报告》一文中也认为：“革命是暴动，是一个阶级推翻一个阶级的暴烈的行动。”后来他又从哲学意义上认为“各种突变、飞跃都是一种革命”⑤。《现代汉语词典》将“革命”首先解释为：“被压迫阶级用暴力夺取政权，摧毁旧的腐朽的社会制度，建立新的进步的社会制度。”英国《朗曼当代英语词典》（LONGMAN DICTIONARY OF CONTEMPORARY ENGLISH）也将“革命（revolution）”首先解释为“社会的根本性变革，特别是通过暴力改朝换代的政治变革（great social change，esp. the changing of a ruler and/or political system by force.）”。

可见，古今中外对革命的理解尽管角度不同，但对其狭义上的暴力性认同还是比较一致的。然而，革命并不都是和暴力相联系的，历史上大多数革命常常是渐进的、和缓的、相互妥协的、和谐的。所以革命还有另一种，甚至是最本质的含义，那就是破坏旧的生产关系，建立新的生产关系，解放生产力，推动社会的发展。事实上，革命往往带来根本性变革，但根本性变革未必都是革命，只有促进生产力发展和社会进步的根本性变革才是真正意义上的革命。当然，在社会生活中女生剃光头男生留长发如果成为时尚，也可说是发型上的根本性变革。尽管这种根

① （意）马基雅维利著，潘汉典译：《君主论》，商务印书馆，1985 年版，第 6 页。
② 《中外政治格言集萃：政治的智慧》警官教育出版社，1992 年版，第 122 页。
③ 《马克思恩格斯全集》，第 7 卷，人民出版社，1959 年版第 99 页。
④ 《马克思恩格斯全集》，第 4 卷，人民出版社，1972 年版。
⑤ 《毛泽东著作选读》（下册），人民出版社，1986 年版，第 804 页

本性变革与生产力的发展、社会的进步没什么关系，但却可以称之为发型上的革命。因此，从广义上讲，只要不影响生产力发展和社会进步的根本性变革都可以称之为革命。

（二）“文革”不是任何意义上的革命

毛泽东认为发动文化大革命的原因在于，党内走资本主义道路的当权派在中央形成了一个资产阶级司令部，它有一条修正主义的政治路线和组织路线，在各省、市、自治区和中央各部门都有代理人。过去的各种斗争都不能解决问题，只有实行文化大革命，公开地、全面地、自下而上地发动广大群众来揭发上述的黑暗面，才能把被走资派篡夺的权力重新夺回来；并认为文化大革命实质上是一个阶级推翻一个阶级的政治大革命。而《关于建国以来党的若干历史问题的决议》却认为：“文化大革命”是一场由领导者错误发动，被反革命集团利用，给党、国家和各族人民带来严重灾难的内乱。那么，为什么说文化大革命不是任何意义上的革命呢？

因为当时中国的国家政权已经牢牢地掌握在无产阶级和广大人民手中，中国的社会主义制度也已建立起来，所以从政权和经济制度这两个方面来说，不存在所谓一个阶级推翻另一个阶级的任何现实基础，所以根本算不上狭义上的政治大革命。另外，尽管文化大革命打烂公检法、停课闹革命、破四旧立四新等属于社会的根本性变革，但也算不上广义上的社会革命，因为只有促进或至少不影响生产力发展和社会进步的根本性变革才能称得上革命，而文化大革命不仅没有促进，相反却阻碍了生产力的发展和社会的进步。

另外，从文化革命的本意讲，文化大革命也不是真正的文化革命。文化革命，通常是指无产阶级取得政权以后，发展教育、科学和文化事业，提高人民的科学文化水平。列宁在十月革命胜利以后，曾把实现文化革命看作建成社会主义社会的基本条件之一。他说：“只要实现了这个文化革命，我们的国家就能完全成为社会主义国家了，但这个文化革命无论在纯文化方面（因为我们的文盲很多）或物质方面（因为要成为有文化的人，就要相当的物质基础）对于我们来说都是非常困难的。”①刘少奇在一九五八年召开的党的八大二次会议上的报告中，也明确提出：“为了适应技术革命的需要，必须同时进行文化革命，发展为经济建设服务的文化教育卫生事业。”主要任务是：扫除文盲，文字改革，逐步建立健全各级各类教育教学机构；讲究卫生，提倡体育，移风易俗，开展群众的文化娱乐活动；建立一支成千上万的工人阶级的知识分子队伍，改变我国教育、科学、文化的落后状态。这同列宁所讲的文化革命是一致的。而“文化大革命”，虽然也有“文化”二字，并且也是从文化领域开始的，但同上述意义上的文化革命没有任何共同之处。相反，文化、教育、科学事业不仅没有发展，而是遭到巨大的破坏。所以，它也并不是真正的文化革命。

（三）改革是中国的“第二次革命”

“文革”不是任何意义上的革命，那么为什么改革就是中国的“第二次革命”呢？

首先，改革与革命一样都是根本性变革，而不同于改良。改良是在不改变社会基本制度的前提下，由统治阶级调节生产关系和上层建筑中不适应生产力发展的方面，借以缓解社会矛盾，并在一定程度上发展生产力。改良只是暂时缓和社会基本矛盾，不能从根本上解决社会基本矛盾。而社会主义改革与民主革命时期的暴力革命一样都是根本解决社会基本矛盾的根本性变革。改革虽不是一个阶级推翻另一个阶级那种狭义上的革命，但它也不是原有体制细枝末节的修补，比如市场经济取代计划经济，多种所有制取代单一公有制等都是对体制的根本性变革，而根

① 《列宁选集》，中文第二版第4卷，第687页。

本性变革恰恰是革命的一个基本特征。

其次，改革与革命一样都是解放生产力。革命是根本性变革，但根本性变革未必是革命，关键在于这种根本性变革是否有利于生产力的解放和发展。邓小平明确指出："改革是中国的第二次革命"① 这是因为"改革的性质同过去的革命一样，也是为了扫除发展社会生产力的障碍，使中国摆脱贫穷落后的状态"。② 实际上，改革与以往的民主革命和社会主义革命一样都是为了解放生产力、发展生产力。邓小平之所以将改革提到革命的高度，因为传统的中国社会主义体制已对生产力发展造成了的严重束缚，不对原有体制进行全面深刻的改革，生产力就不可能迅速发展。从这个意义上讲，社会主义制度确立之后对不适应生产力发展的生产关系的改革，与以往通过暴力手段进行的改变生产关系的革命没有质的区别，根本目的都是为了解放和发展生产力。邓小平同志在南方谈话中指出："推翻帝国主义、封建主义、官僚资本主义的反动统治，使中国人民的生产力获得解放，这是革命，所以革命是解放生产力。社会主义基本制度确立以后，还要从根本上改变束缚生产力发展的经济体制，建立起充满生机和活力的社会主义经济体制，促进生产力的发展，这是改革，所以改革也是解放生产力。"③ 革命是解放生产力，改革也是解放生产力，邓小平正是从这个意义上说，"改革是中国的第二次革命"。事实上，三十多年的改革开放带来的深刻社会变革，以及所释放的巨大社会生产力，正是这一论断的最好诠释。

（四）革命难以"告别"

1995 年香港出版的《告别革命》一书认为，"革命是一种破坏力量"，"革命延误了近代化进程"，革命"激情有余，理性不足"，宣布要

---

① 《邓小平文选》，第 3 卷，人民出版社，1993 年版，第 113 页。

② 《邓小平文选》，第 3 卷，第 135 页。

③ 《邓小平文选》，第 3 卷，第 370 页。

告别一切革命，不仅要告别法国大革命、十月革命，也要告别辛亥革命及其以后的一切革命，而且还要告别21世纪的革命。

中国革命何以发生发展？根本原因在于近代中国社会的基本矛盾，即帝国主义与中华民族的矛盾，封建主义与人民大众的矛盾。中国要生存、要发展不得不解决这一基本矛盾。而解决基本矛盾的方式有两种，一种是发展生产力，一种是改变生产关系。比较而言，前者更带有根本性，正如马克思所言，生产力决定生产关系，经济基础决定上层建筑。然而，这并不适合中国国情，搞了几十年的洋务运动的破产就是明证，因为不解决严重变形的生产关系，生产力就寸步难行。而解决生产关系的方式又有两种，一种是改良，另一种是革命。两相比较，中国人先选择了成本较小的改良，但百日维新的失败证明改良的道路在近现代中国行不通，最后只有选择革命。在中国，比较完全意义上的资产阶级革命是孙中山领导的辛亥革命，这场革命尽管推翻了清王朝，结束了封建帝制，但并没有完成反帝反封建的任务，这就为最终完成这一任务的新民主主义革命提供了合法性和必要性。由此看来，中国革命的发生发展并不是“激情有余，理性不足”，而是在选择洋务救国、改良救国失败后，不得不选择的一种方式，而正是这种方式解决了近代中国的基本矛盾，为中国的进一步发展开辟了道路。所以说，否定辛亥革命以来的革命是没有任何依据的。

那么，过去的革命不能“告别”，以后的革命能“告别”吗？马克思在分析革命产生的原因时指出：“社会的物质生产发展到一定阶段，便会同它们一直在其中运动的现存生产关系或财产关系发生矛盾。于是这些关系便由生产力的发展形成生产力的桎梏。那时社会革命的时代就到来了，随着经济基础的变更，全部庞大的上层建筑也或慢或快地发生变革。”马克思在这里所表述的社会革命必然到来的原理是人类社会发展的共同规律，适用于任何社会形态，因此，以后这种广义上的革命绝对不会“告别”。当然即便是“告别革命”论者所界定的“指以群众暴力等急剧方式推翻现有制度和现有权威的激烈行动”的最狭义上的革命，也不会告别。因为当现有制度和现有权威不代表人民群众的根本利益到达一定程度的时候，人民群众也会不可避免地采取激烈的行动。①

① 原载《主阵地：思想政治理论课的坚守》，首都经济贸易大学出版社，2012 年版。

第三章

现代和谐社会论

一

家族主义与党的建设

家族主义尽管在历史上有其产生的必然性、存在的合理性，并在现阶段也可作为发展经济的一种文化驱力，但我们却不能因此而忽视它的惰性。为消除其对党的建设的负面影响，我们应采取以经济建设为主体，以制度建设、思想建设为两翼同时并举的方针。

所谓家族主义，就是以血缘家族为中心的思想。之所以将其与党的建设联系起来就是因为它是党的建设的一大障碍，尤其宗法制、家长制曾对党的事业产生过深刻影响，即使今天也还有所表现且日益明显。因此，对其表现形式、危害及根源作一认真剖析并找出战略对策将具有重要的现实意义。

（一）家族主义影响党的建设的几种表现形式

1. 家长制与民主集中制的对立。家长制既不是集中更不是民主，正如刘少奇所说："这是党内一种反民主的个人专制主义倾向，是社会上特权阶级的思想在党内的反映。这与我们党的集中制没有丝毫相同之点。"① 然而，它却与民主集中制共处在党的建设之中，彼此的消长往往导致党的组织的扩大和缩小，事业的成功和衰落。

众所周知：大革命时期，陈独秀的家长制领导使党在革命的紧急关头未能及时采取切实有力的措施，避免或减少革命的损失，党的组织遭到严重破坏，使轰轰烈烈的大革命淹没在血泊中。土地革命时期，王明

① 《刘少奇论党的建设》，中央文献出版社，1991 年版，第 459 页。

利用家长制推行起“左”倾冒险主义路线，使苏区90%以上，白区几乎100%的党组织丧失殆尽，中国革命几近绝境。从遵义会议到社会主义改造时期，我们党较好地坚持了集体领导和民主集中制原则，党的事业就得到比较顺利的发展，但遗憾的是“从1958年批评反冒进，1959年反右倾以来，党和国家的民主生活逐渐不正常，一言堂、个人决定重大问题、个人崇拜、个人凌驾于组织之上一类家长制现象，不断滋长”①，其恶果是带来了三年困难和造成了十年内乱的灾难。

十一届三中全会以后，民主集中制逐步得到恢复和健全，但还有不少问题，民主不够和集中不够都不同程度地存在着。前者是对下，大权独揽，唯我独尊，盲目决策，压制不同意见；后者是对上，天高皇帝远，你有政策我有对策，有令不行，有禁不止，甚至占山为王，画地为牢。两者都是家长制的不同表现，在由计划经济转向市场经济的条件下，这是导致腐败滋生，不正之风蔓延的一个重要原因。

2. 族权膨胀与“战斗堡垒”的对立。这种现象在农村尤其突出。现在，村干部是由村民选举产生的，我国农村多属于自然村，一个村子往往有几个家族组成。由于家族观念的影响，每个家族都想推举自己的代表进入党支部或村委会，实际上选举的过程就是家族实力竞争的过程，所以选出来的多是大姓家族的人，有的还是大姓家族的头人。这种党、政、族的结合使族权扩大到村权，甚至以族代党，以族代政。可见，村民选举严重受到家族势力的影响和干扰，其结果要么是势均力敌条件下的平分秋色，要么是绝对优势下的家天下，尽管体制形式不同，但他们都是以家族势力为存在条件，以家族利益为最高标准的。加之其素质较低，这就难以形成一个能带领村民致富的领导核心，直接影响了农村经济的进一步发展。

3. 门荫制、论资排辈与任人唯贤的对立。门荫制、是指根据血缘关

---

① 《邓小平文选》，第二卷，人民出版社，1994年版，第330页。

系和人际关系选取官员的一种方式。作为一种制度早已作古，但作为一种观念尚阴魂未散，裙带风、关系网就是其现代表现。有人官欲熏心，千方百计拉关系走后门，不择手段地跑官要官，个别领导干部也不讲原则，凭亲疏好恶选人用人，甚至工作调动时突击提干给官送官。另外，提拔干部时论资排辈的现象还时有发生，不少德才兼备的年轻干部正是因为太年轻不能被及时提拔重用，等轮到他们的时候也快到了该照顾的年龄。门荫制、论资排辈是政治伦理化的一种突出表现，是用人上的大敌，直接影响了党的干部队伍的素质。

（二）家族主义产生以及影响至今的根源

家长制、门荫制、论资排辈和家族至上都是家族主义在党的建设上的表现形式。为什么这种落后的封建意识能影响中国数千年，至今还侵蚀着党的肌体？当然，原因是多方面的，既有文化历史根源也有经济政治根源。

首先，家族主义在中国根深蒂固源远流长。正如孙中山所说："中国人最崇拜的是家族主义和宗族主义。"① 我们的先民在跨入"文明"社会时，没有像希腊、罗马那样来一次奴隶民主革命建立起城邦式国家，而是由氏族首领直接转化为奴隶主贵族，通过家族奴隶制走上了家邦式国家的道路，从而逐步形成了较为完备的家族制度。家族主义这一家族制度的必然产物曾在历史上起过非常进步的作用：促进了生产的发展、社会的稳定和封建意识形态的形成。但随着社会的发展，它的惰性也日益突出，政治上的君主专制，思想上的重协调轻发展，重义务轻权利，重血缘排异己等，越来越成为中国社会现代化的一大包袱。19世纪末以来，随着现代化进程的推移它虽屡受冲击，但从未造成根本意义上的衰落，即便是新中国成立后的几大运动（包括"文革"）的猛烈冲击也未

① 《孙中山选集》，人民出版社，1981年版，第617页。

使其根绝，并很快得以回复，仍潜移默化地作用于社会的每个成员，从成人到孩童，从上层社会到普通百姓无不具有强烈的家族意识。如果中国伦理政治化，政治伦理化的社会基础在于家国同构，那么其文化基础则在于作为传统伦理文化基本精神的家族主义。这种文化精神随着历史的发展早已内化为人们的传统无意识，深深地积淀在人们的心理结构、思维习惯和行为方式中，自觉不自觉地受其束缚，而作为无产阶级先进思想的马克思主义在中国才有几十年的历史，尽管因其科学性、时代性优势很快成为中国共产党的指导思想，但毕竟是一种外来文化，影响的深广度难与延续几千年的本土文化相匹敌。比如，陈独秀、毛泽东这些反专制倡民主的大师，尽管早就信仰马克思主义，但因其思想之树根植于中国传统文化的土壤之中，他们也最终未能完全摆脱家族主义的羁绊。即便是当今的各种腐败也无一不体现着家族制度的文化精神。这就是我们党一直反家族主义却又不断犯家族主义的一个重要文化历史根源。

其次，自然经济或不发达的商品经济是家族主义得以存在的经济条件。不少论者认为，家族主义的经济基础是封建私有制，中央民族学院出版的《文化学词典》也把“封建主义的所有制构成其经济基础”作为家族主义的内涵之一。现在看来这种观点值得研究，因为新中国的成立结束了家族制度的历史，“三大改造”的完成使封建私有制变成了社会主义公有制。在家族主义存在的社会基础和经济基础早已不复存在的今天，家族主义却依然存在且有抬头之势，对此又作何解释呢？仅从意识具有相对独立性方面去解释显然是不够的，也难以令人信服。笔者认为，家族主义赖以存在的现实土壤主要在于生产力水平低下的小农经济或不发达的商品经济。

现在我国农村实行的家庭联产承包责任制，将原来的土地所有权和经营权一体的单层结构改为两者分离的双层结构。前者的主体是集体，后者的主体是家庭，而传统的土地所有权和经营权一体的单层结构的主体也是家庭，也就是说现在的经济体制仍与传统的小农经济体制特征相吻合，唯一不同的是土地归集体所有，不能自由买卖。实际上，现在的模式基本上沿用了传统的组织方式和生产方式。

随着农业经营的家庭化，企业经营也开始出现了家庭化趋势。现在，农村有2000万家以上的乡镇企业是由家族和亲友为中心组成的；10多万的侨资企业也直接或间接地利用亲友关系建成；1600万以上的个体户和私营企业几乎大部分是由夫妻或家族关系组成的家族企业；部分国有企业正在向家族化演变。

可见，不管农业还是企业，随着经济体制的改革，家庭机制受到普遍重视和利用，家庭功能空前增强，与之相适应的家族主义思想也不断得以强化。一般说来，经济愈发展，血缘关系愈松，家族意识愈淡。当前的强化现象表面上看似乎是由于经济的发展造成的，这是否超出了一般？回答当然是否定的，恰恰相反，正是物质生产水平还不够高，经济尚未发展到一定程度使然。所谓的强化是相对人民公社时期的淡化而言的，与其说是强化，不如说是长期利用行政或强制手段压制的必然反弹，这种反弹不可能不反映到党的建设上，因为党的干部多数都与农村或企业有着千丝万缕的联系，加之传统无意识的影响可以说是一种必然。

最后，党的制度建设的滞后，也不能不说是一个重要原因。这种滞后主要表现在制度不合理、不完善甚至无制度三个方面。领导制度上的高度集权，特别是在加强党的一元化领导的口号下，什么事都要党委第一书记挂帅、拍板，一元化领导变成了个人领导。另外干部制度也很不完善，干部的离退休，干部的职责权限上下监督都没有明确的制度。邓小平在总结我们党所犯错误的教训时指出："我们过去发生的各种错误，固然与某些领导人的思想作风有关，但是组织制度工作制度更重要。"①

十一届三中全会以来，我们党对制度建设非常重视，建立了不少行之有效的规章制度，但还有些不够完善：领导班子中还存有党政领导一

① 《邓小平文选》，第二卷，第333页。

肩挑的现象，每人一票平等表决尚未形成稳固的制度，一般情况下还不是表决制，而是协商制，这就不规范、不配套、缺少约束力。往往有这种情形，在决定一些重大问题时，尽管名义上是集体讨论，但实际上委员们为保住自己的乌纱帽有时不得不违心地按“一把手”的旨意发表意见或举手表决，长此以往势必造成领导上的家长制作风。再者，对一些制度的顺向规定有余、逆向规定不足、操作性不强的现象也比较突出。比如，我们制定了要坚持民主集中制实行集体领导的制度，但从未听说过哪个领导干部因违反这项制度而受到处理的。这并不说明我们的每个领导干部在这方面都做得很好，而说明我们在这方面的逆向规定不足、不详、硬度不够，因而也就缺乏权威性、操作性和实效性。加之低效运转的监督机制，这就为家族主义得以继续侵蚀党的肌体提供了制度条件。

（三）消除家族主义负面影响的积极对策

家族主义尽管在历史上有其产生的必然性、存在的合理性并在现阶段也可作为发展经济的文化驱力，但我们却不能因此而忽视它给党的建设带来的负面影响，应找出相应对策逐步加以消除。

第一，抓住机遇加速生产力的发展，尽快提高生产的商品化、社会化、现代化程度。生产力水平越低经济越落后，人们就越重血缘关系，宗法家族意识就越浓厚，这就是为什么农村比城市、中国比欧洲家族主义色彩更浓的原因。只有将生产力水平提高到足以使人们的生产方式、组织方式和生活方式真正超越传统走进现代的程度时，人们的思维方式价值观念才会得以根本改变，产生在小农经济或不发达的商品经济基础上的家族主义也才会自然淡化，甚至消失。当然家族主义也可能以另外的某种形式出现，但那绝不是传统意义上的而是通过转换整合具有了崭新内涵的现代家族主义。不过这将是一个长期的过程，并不是说经济一现代化，家族主义就会立即销声匿迹，而是说经济现代化是促使家族主义走向末路的根本条件。以往的历次冲击尽管不乏猛烈但均未动其根本，关键就在于缺乏这个条件，因此我们要吸取历史教训花大气力把经济搞上去。

第二，加强制度建设。制度建设应是多层次全方位地配套进行，现在最紧要的是解决好制度不健全和制度落实不够的问题。为避免任人唯亲唯派的弊端，必须尽快建立起公开、平等、竞争择优的用人机制。农村党支书要由乡镇组织部门统一选拔、管理和使用，也可由县级组织部门结合机构改革，从国家机关党员干部中选调人才到农村任职。这样既有利于政治体制改革，又有利于大幅度提高农村党政干部的领导水平。当然没有制度不行，有了制度不抓落实也不行。要使制定的制度达到预期的效果，就必须形成一套纵横交错内外结合的监督体系，使党的每个干部都处在广泛的监督之中。另外还要有纪律法律作保证，对违反者要坚决地予以党纪、政纪处分，甚至法律制裁。否则，监督就会失去意义，制度也就无从落实。

第三，加强思想政治教育。经济的发展不等于文化思想的进步，制度的制定也不可能一劳永逸。因此，要消除家族主义的负面影响，仅停留在物质和制度的层面是远远不够的，还应在弘扬传统文化的同时，不断地清除其糟粕，不断地灌输马克思主义和“三个代表”的重要思想，从更深的文化层面上，提高广大干部群众的思想政治素质，增强防止和反对家族主义的自觉性，加快人的现代化进程。为此，首先要增强民主意识：领导干部要学会尊重下级、群众的民主权利，下级、群众也要学会正确地行使自己的民主权利，对于我们这样一个缺乏民主传统的国度，这一点尤为重要。其次是加强党性教育：使我们党的每一个干部都要时刻牢记全心全意为人民服务这一党的宗旨，一切言论行动都应以最广大人民群众的最大利益为最高标准，而不是以个人利益和家族利益为终极价值。再就是强化法制观念：在市场经济的浪潮中，我们有的干部法制观念淡漠甚至以身试法。如大邱庄原党委书记禹作敏尽管能带领村民在致富的路上迅跑，但因不懂法律，实行严酷的家长制统治，终为阶下囚。

还有像成克杰、胡长清这样的高官也因漠视国法、腐败透顶，被处极刑。这些教训是深刻的！因此，法制教育要常抓不懈，警钟长鸣以防患于未然。

总之，我们应采取以经济建设为主体，以制度建设、思想建设为两翼同时并举的方针。只有这样，我们才能从根本上消除家族主义对党的建设的负面影响，加速“新的伟大的工程”的进行。①

① 原载《甘肃理论学刊》，2003年06期。

二

六条政治标准与四项基本原则的历史命运

六条政治标准未能长期全面坚持，四项基本原则却能一以贯之，主要是因为：对社会主义本质认识的深刻程度不同；两者的强化程度不同；反错误倾向的理论化程度不同；实际领导制度不同。通过对两者历史命运的成因探讨，可得出两点启示：一是没有“六条”的片面发展，就没有“四项”的一以贯之，邓小平理论是毛泽东思想的继承和发展；二是只有扭住经济建设这个中心不放，同时又不断排除“左”、“右”干扰，才能做到全面坚持“四项”，也才能保证党的基本路线一百年不动摇。

六条政治标准和四项基本原则，是分别由毛泽东、邓小平两代伟人，在不同的历史时期提出的两个既有区别又有联系的政治命题。两者都是在党的工作重心转向经济建设的历史条件下提出来的，强调的重点都是社会主义道路和党的领导。然而，它们的历史命运却迥然有异，令人深思！

（一）“六条”和“四项”的不同命运

在中华人民共和国历史上，有过两次类似的历史性转变：一次是发生在20世纪50年代中期，社会主义三大改造基本完成之后；另一次是发生在70年代末期，“文化大革命”结束之后。前者是以八大为标志，由革命转向建设；后者是以十一届三中全会为标志，由“继续革命”转向现代化建设。两次转折，都伴随着思想解放运动。前者以“双百”方针为指导，后者以“解放思想”为口号，并针对思想解放中出现的自由化思潮，分别提出了判别言论行动是非的六条政治标准和在思想政治上必须坚持的四项基本原则。

1957年5月，毛泽东在《关于正确处理人民内部矛盾的问题》一文中指出："究竟什么是我们今天辨别香花和毒草的标准呢？在我国人民的政治生活中，应当怎样来判断我们的言论和行动的是非呢？""这种标准可以大致规定如下：（一）有利于团结全国各族人民，而不是分裂人民；（二）有利于社会主义改造和社会主义建设，而不是不利于社会主义改造和社会主义建设；（三）有利于巩固人民民主专政，而不是破坏或者削弱这个专政；（四）有利于巩固民主集中制，而不是破坏或者削弱这个制度；（五）有利于巩固共产党的领导，而不是摆脱或者削弱这种领导；（六）有利于社会主义的国际团结和全世界爱好和平人民的国际团结，而不是有损于这些团结。这六条标准中，最重要的是社会主义道路和党的领导两条。"①。"六条"提出后，是沿着整风、反右派斗争、"大跃进"、人民公社化运动、反"右倾机会主义"和"文化大革命"的轨迹运行的，尤其成为划分右派的标准依据开了"以言治罪"的先例，阶级斗争扩大化由此发端。前十年，经济建设和阶级斗争可以说是双轨制，彼此时有消长，甚至并驾齐驱，经济建设这个中心尽管有所偏离，但毕竟没有丢掉；后十年，却是逆向发展，党的工作重心由经济建设转向了"继续革命"；党的领导，由集体领导变为个人专制；马列主义，被极端教条化，甚至有些被肢解得面目全非；社会秩序，混乱不堪；经济状况近乎崩溃的边缘。这时的"六条"除专政一条外都只是形式口号上的坚持而已，尽管它的提出是非常正确和及时的，但因其主要是为了指导当时的鸣放运动和反右派斗争，故未能长期全面坚持下去，就实践整体的实质而言，却是走上了极为片面发展的道路，实在令人遗憾！

1979年3月，邓小平在党的理论工作务虚会上的讲话中指出："我

① 《毛泽东著作选读》下册，人民出版社，1986年版，第788~789页。

们要在中国实现四个现代化，必须在思想政治上坚持四项基本原则。”“这四项是：第一，必须坚持社会主义道路；第二，必须坚持无产阶级专政；第三，必须坚持共产党的领导；第四，必须坚持马列主义毛泽东思想。”“如果动摇了这四项基本原则中的任何一项，那就动摇了社会主义事业，动摇了整个现代化建设事业。”① “四项”提出后，是沿着统一思想、调整社会关系、加强党的建设、两个文明建设、改革开放、反对资产阶级自由化、有计划的商品经济和社会主义市场经济的轨迹运行的，并在此基础上，逐步形成了一整套建设有中国特色的社会主义理论，回答了在中国怎样建设、巩固和发展社会主义的基本问题，不仅从理论上为马克思主义的科学社会主义作出了独创性贡献，而且，在实践上取得了社会主义现代化建设的辉煌成就：“1979—1998 年，国内生产总值实际增长 4.9 倍，年均增长 9.7%。在世界的排名中，中国经济总量由 70 年代的第 11 位上升到现在的第 7 位；进出口总额由 70 年代的第 32 位上升到第 11 位。全国城乡居民生活实现了从贫困到温饱，进而向小康迈进的历史性跨越。这些成就的取得，不仅为中国今后发展奠定了坚实的基础，也为亚洲乃至世界和平与发展作出了贡献”②。可以说，这都是全面坚持“四项”的结果，若没有“四项”的一以贯之，这一切都是无从谈起的。

（二）“六条”和“四项”不同命运的成因

“六条”和“四项”提出的背景极为相似，强调的重点又完全相同，那么，为什么前者不能坚持到底，后者却能一以贯之，在中国社会主义现代化建设中，发挥着不可替代的伟大作用？下面试从四个方面作以初步探讨：

---

① 《邓小平文选》，第二卷，人民出版社，1994 年版，第 164～165、175 页。

② 朱镕基：《迈向新世纪的中国与亚洲》，《光明日报》，1999 年 12 月 1 日。

第一，对社会主义本质认识的深刻程度不同。在我国进入社会主义初级阶段之后，毛泽东不是不想发展生产力，只是方法不对头。起初，试图通过生产关系的超前变革来促进生产力的超速发展，结果事与愿违；而后是以阶级斗争为纲，抓革命促生产，最后是“继续革命”走向极端。这就完全背离了经济建设这个中心，彻底动摇了“有利于社会主义建设”这“六条”中最根本的一条，最终导致“六条”的全面崩溃，使中国社会陷入了一场灾难。之所以如此，就在于毛泽东深受苏联模式的影响和自己以往经验的束缚，偏重于对社会主义形式和精神的追求，而忽视了社会主义最本质的物质内容，没有把发展生产力完全提到历史唯物主义的基本原则的高度，更没有认识到社会主义的根本任务就是发展生产力，加之对国内外阶级斗形势的错误估计，以致党的工作重心迅速逆转，“反修防修”成为第一要务。从根本上说，这都是对社会主义本质认识得不够深刻使然。

邓小平痛定思痛，深知社会的稳定、生产力的发展对一个国家、一个民族是多么重要！因此，果断地率领全党，把中国社会主义事业的航船重新转到了顺向的轨道。这并不是简单的回归，而是曲折中前进、螺旋式上升的过程。在对社会主义的认识上，他冲破了传统理论的束缚，站在历史唯物主义的高度深刻指出“贫穷不是社会主义”，“社会主义的本质，是解放生产力、发展生产力、消灭剥削、消除两极分化，最终达到共同富裕”①，并号召全党全民要横下心来扭着经济建设这个中心不放，“顽固”一点，毫不动摇，还把必须坚持社会主义道路放在“四项”之首，突出强调出来。这就为全面坚持“四项”，打下了牢固基础。

第二，两者的强化程度不同。“六条”提出后，由于国内外阶级斗争形势的干扰，未能得到强化，更没有上升到应有的高度。恰恰相反，随着党的工作重心的逆转，整体上却不断得到弱化，唯有阶级斗争日益

① 《邓小平文选》，第三卷，人民出版社，1993年版，第225、373页。

向左，以致走上只讲专政不计其余的片面发展的道路。

“四项”就不同了，它本身就是对“六条”的提炼和升华。条数上少了三分之一，字数上减了三分之二，内容上还多了一项。仅用了45个字，就把我国的政治制度、经济制度、文化制度和指导思想，简明准确地表述出来，成为一个不可分割的有机整体，正如邓小平所说：“如果动摇了这四项基本原则中的任何一项，那就动摇了整个社会主义事业，整个现代化事业”①，特别是把“有利于”改为“必须坚持”，这不仅是语气上的加重，而且是对历史经验教训的高度浓缩，是对这一根本问题认识上的一次飞跃。

“四项”提出后不久，就被作为宪法的指导思想。1982年宪法在序言中明确指出：中国各族人民将继续在中国共产党领导下，在马克思列宁主义、毛泽东思想的指引下，坚持人民民主专政，坚持社会主义道路，并在此基础上，又把它作为党在社会主义初级阶段的基本路线的重要内容，与改革开放有机结合起来，构成“两个基本点”。前者为立国之本，后者为强国之路，一百年不动摇。这就为长期全面坚持“四项”提供了强有力的保障机制，也解决了中国应该怎样才能真正做到以经济建设为中心这个历史课题。

第三，反错误倾向的理论化程度不同。错误倾向包括“左”右两个方面，它们尽管表现形式不同，但都是以主观和客观相分离，认识和实践相脱节为其本质特征的。在中共党史上，“左”、右这两种偏离党的正确路线的错误倾向，往往交替出现此起彼伏，党的事业长时间没有走出这个“左”、右互动的怪圈。新民主主义革命时期的一次右倾引起了三次“左”倾，特别是第三次王明的“左”倾冒险主义，几乎把中国革命推上了绝路。正是以毛泽东为代表的中共党人高举反“左”纠“左”的大旗，才使中国革命走上了胜利的坦途。然而，在社会主义建设时期，

① 《邓小平文选》，第二卷，人民出版社，1994年版，第173页。

政治上反右扩大化导致经济上的“大跃进”，经济上的纠“左”又导致政治上反右倾的更“左”。这种以阶级斗争扩大化为表征的“左”一直没有得到有效的遏制，以致后来发展到极“左”。如果说在民主革命时期，以毛泽东为代表的中共党人能在斗争实践中，做到了既反“左”又反右的话，那么，在建设时期却是反右忽视了防“左”，甚至以“左”反右，只片面地强调阶级斗争而丢掉了经济建设这个中心，也就是说，没能全面坚持“六条”。究其原因，就是因为反错误倾向的科学理论化程度不高，还没在实践上化为反对一种倾向警惕另一种倾向的自觉行动。

邓小平在吸取经验教训的基础上，对反错误倾向的问题予以高度重视，并作了多次论述，概括起来有三个方面：

1. 对什么是新时期的“左”、右错误倾向，加以科学界定。他指出：“右的干扰，概括起来就是全盘西化，打着拥护改革、开放的旗帜，想把中国引导到搞资本主义。”“‘左’的东西也有。把改革开放说成是引进和发展资本主义，认为和平演变的主要危险来自经济领域，这些就是‘左’”①，从而与民主革命时期和十一届三中全会以前的“左”、右倾向从内容上区别开来，并带有鲜明的时代特征。

2. 对怎样反对错误倾向提供了科学方法。他在《关于反对错误倾向问题》的谈话中指出：“解放思想，也是既要反‘左’又要反右。……纠正‘左’的倾向和右的倾向，都不要随意上‘纲’，不要人人过关，不要搞运动……在以后一个适当时间，还要进行整风。”② 又在南方谈话中告诫我们：“现在，有右的东西影响我们，也有‘左’的东西影响我们，但根深蒂固的还是‘左’的东西……中国要警惕右，但主要是防止‘左’”。③ 由此看出，他的反错误倾向的思想方法有三：一是在反对一种错误倾向的时候，不要忽视另一种错误倾向；二是反错误倾向应根据具

---

① 《邓小平文选》，第三卷，人民出版社，1993年版，第229、375页。

② 《邓小平文选》，第二卷，人民出版社，1994年版，第379~381页。

③ 《邓小平文选》，第三卷，人民出版社，1993年版，第375页。

体情况有所侧重，有时重点反右，有时则重点反“左”，并强调现在应着重反“左”；三是反倾向不要随意上纲、上线，是什么问题就解决什么问题，也不要搞运动，但可以整风。这就为我们反对错误倾向提供了行动指南。

3. 对为什么既要反“左”又要反右作出了科学论证。他早在1981年就指出：要加强坚持四项基本原则的宣传、教育，要多写这方面的文章。要批判“左”的错误思想，也要批判右的错误思想。因为反对和否定四项基本原则，有来自“左”的，有来自右的。在1987年会见孟加拉国总统时又一步指出：要搞现代化建设使中国兴旺发达起来，第一，必须实行改革、开放政策，第二，必须坚持四项基本原则。搞现代化建设，搞改革、开放，存在“左”和右的干扰问题。在1992年南方谈话中，鉴于苏联东欧社会主义的倒台和1989年春夏之交的政治风波以及十年浩劫的沉痛教训，他又深刻指出：右可以葬送社会主义，“左”也可以葬送社会主义。

从上可见，邓小平在从1981年到1992年的十年中，对为什么既反“左”又反右的问题，从三个层面进行了逐步深入的论证：首先从思想政治层面说明了反对和否定“四项”的错误思想既有“左”也有右，要统一思想，就必须坚持“四项”，要坚持“四项”就必须既反“左”又反右；其次从经济建设层面论述了在中国要搞现代化建设就必须进行改革、开放，在改革开放中又存在着“左”右干扰，而要有效地排除这种干扰就不得不坚持“四项”的道理；最后又从根本制度的层面提出了“左”右都可以葬送社会主义的科学论断。这是因为“左”、右尽管表现形式不同，但它们都会同样冲击和干扰经济建设这个中心，都会同样地否定和丢掉社会主义的本质。既反“左”又反右这不仅是个经验命题，而且也是个哲学命题。邓小平关于“左”、右倾与四项基本原则、与发展生产力、与社会制度的关系的论述，无不闪烁着辩证唯物主义和历史唯物主义的光辉。总之，邓小平在反对错误倾向问题上，提出了一系列观点并予以科学论证，形成了一套完整的科学理论体系。这就为我们怎样才能全面坚持“四项”、避免反错误倾向的极端化、顺利贯彻党的基本路线提供了理论依据。

第四，实际领导制度不同。尽管我们党早在八大就明确提出要继续坚持集体领导的原则，但却没有形成严格的制度。“从一九五八年批评反冒进、一九五九年‘反右倾’以来，党和国家的民主生活逐渐不正常，一言堂、个人决定重大问题、个人崇拜、个人凌驾于组织之上一类家长制现象，不断滋长”①，以致我们党一旦偏离或背离正确路线，就很难得以纠正。十一届三中全会以后，我们党能够将“四项”一以贯之，这是从总体而言的。就局部来说，也出现了几次偏差，“过去两个总书记都没站住”，“就是因为在坚持四项基本原则的问题上犯了错误，栽了跟头”②。若没有严格的集体领导制度，要及时顺利地纠正这种偏差，简直是不可想象的事情。

(三)“六条”和“四项”不同命运的历史启示

通过对“六条”和“四项”历史命运的成因探讨，我们至少可以得到以下两点启示：

一是探索本身就是一个十分艰难的过程，它的成败不仅在于探索者本身的素质，而更在于所处的历史条件。就探索的全过程来看，不管是成功还是失败都是难得的一笔财富。邓小平就是在毛泽东探索中国自己的社会主义道路并取得初步成果的基础上，继续进行探索的，这就有经验可以借鉴，有教训可以吸取，可以说，没有“六条”的片面发展，就不可能有“四项”的一以贯之。从这一侧面也可以看出毛泽东思想与邓小平理论的内在联系，即前者是后者的理论前提，后者是前者的继承和

① 《邓小平文选》，第二卷，人民出版社，1994年版，第330页。
② 《邓小平文选》，第三卷，人民出版社，1993年版，第324页。

发展。

二是只有扭住经济建设这个中心不放，同时又不断地排除“左”、右干扰，才能真正做到全面坚持“四项”，反之亦然。三者互为前提，相辅相成。改革开放存在“左”、右干扰，坚持“四项”和经济建设速度也存在“左”、右干扰，任何一方的“左”、右干扰都有可能渗透到另外两个方面。我们要在坚持三位一体并驾齐驱的同时，警惕干扰本身的“左”、右互动和干扰在政、经之间的横向互动，尽管干扰及其互动是不可避免的，但我们可以通过增强防干扰意识和提高排干扰的自觉性，将其降低到最低点。唯其如此，才能保证党的基本路线一百年不动摇。①

① 原载《中国青年政治学院学报》，2001年05期，“纪念中国共产党建党80周年专刊”。

三

健全教育法制是构建和谐社会的重要内容

——基于教师权利及其救济制度的思考

教师上对学校下对学生，是学校实现教学目标培养合格人才的关键，也是依法治校的中心环节，如果教师的法定权利都得不到应有的尊重和善待，教师权利的救济制度又不能提供及时有效的保障，又怎能指望教师建立起坚定的法律信仰，并满怀热情地进行普法教育，进而去影响社会呢。从某种意义上讲，善待教师权利，保证教师权利救济途径的畅通、有效，既是依法治校的中心环节也是依法治国构建和谐社会的必然要求。

构建社会主义和谐社会既是中国共产党的执政目标和执政能力建设的重要任务之一，也是中共党史党建学科以及整个社会科学领域亟待研究的重大课题。笔者基于构建和谐社会的法治视角，仅就教师权利及其救济制度的完善谈点个人看法。

（一）善待教师权利

所谓教师权利，就是法律对教师这一特定职业群体可以作出某种行为的许可和保障。我国的这一许可和保障是从1993年颁布的《中华人民共和国教师法》开始的，其内容主要包括："进行教育教学活动权、评定学生学业成绩权、按时获取工资报酬，享受国家规定的福利待遇权、参与学校的民主管理权、参加进修培训权、享有职务聘任公正考核权和申诉权"。教师的这些权利能否得到切实保障关键在于学校领导对法律理解的正确程度、素质的高低、法治观念的强弱，若学校领导整体素质高，法治观念强，教师权利就会得到有效保护，反之就很难不受到伤害，下面就是一典型案例：

北京某高校青年教师，发现其教研室主任瞒着她经“领导同意”，将其所批一学生的《审计》毕业考试成绩由不及格改为及格，遂向学校举报，学校经研究认为，“改分是合理的”理由是“原评分数过严”。年终，学校就将这位被学生考评为85分的教师，以“缺乏敬业精神，不适合当教师”为由考核为“不合格”，并将其解聘，限3个月内调离学校且须赔偿不满服务期的违约金，遂扣发奖金和工资，每月只发给273元的最低生活费。该教师对此不服，以学校侵犯其评分权、公正考核权、教育教学权和工资报酬待遇权为由，向主管行政部门提出申诉。该部门认为，“教研室主任改动试卷分数的行为是程序欠妥的职务行为”，“将其考核为不合格依据不足”，并责令学校在一个月内对所申诉事项重新作出处理。学校制定的考核细则中只规定“优秀”、“合格”和“不合格”三个等级，而学校作出的重新处理却将“不合格”改为“基本合格”，且仍未予以聘任，只是理由由原来的“不合格”改为“不服从领导的安排”，也就是说其他问题仍未重新处理。相反，学校又以该教师在“重新处理”期间不接受人事处长“去培训部应聘”的建议，按旷工论为由，作出停发工资、停报药费的决定。后经法院调解，学校将档案里的本次考核材料上的“不合格”和“基本合格”都改为“合格”，该教师拿走档案离开了这所学校。案子就此了结，但留给人们的思考却是多方面的。

1. 改动学生成绩的权利属于教师

评分权属于教师毋庸置疑，因为《中华人民共和国教师法》（以下简称《教师法》）第7条第3款明确规定：教师享有“评定学生学业成绩”的权利。但若原批分数确实有误，改分权又归谁呢？法律并无明确规定。以至于对上述某高校教研室主任瞒着原批卷教师，经领导同意，以批卷过严为由，将一学生的毕业考试成绩由不及格改为及格的行为定性，出现了严重分歧。

一种观点认为，教研室主任瞒着原批卷教师改分，属程序欠妥的职务行为，理由是若原批分数确实有误，教研室主任当然有责任予以改正，这是对学生高度负责的表现，但事前或事后应告知原批卷教师；另一种观点认为，教研室主任无权改动其他教师的所批试卷分数，反之便是侵犯原批卷教师评分权；还有观点认为，这是高等学校行使“办学自主权”的具体体现。究竟孰是孰非？

教研室主任的职责究竟有哪些？尽管法律法规对此并无具体规定，但随意改动其他教师所批试卷的分数肯定不属于教研室主人的职责范围。因为《教师法》第七条第三款明确规定：教师享有“评定学生学业成绩”的权利，却从未规定，除教师之外的任何人或任何组织还享有这个权利。由此可见，权利人是具体的，义务人则是除了权利人之外所有的人。也就是说，其他任何人、任何组织都负有不得以任何理由去妨碍教师行使这一法定基本权利的义务。因此，那种认为教研室主任瞒着阅卷教师更改分数是程序欠妥的职务行为的观点是讲不通的。

根据《中华人民共和国高等教育法》（以下简称《高等教育法》）第34条关于“高等学校根据教学需要，自主组织实施教学活动”的规定，我们能否认为教研室主任瞒着原批卷教师改分是代表学校行使办学自主权呢？回答当然是否定的。因为，尽管评定分数属于办学自主权中的教学权，但这个权利已被《教师法》明确赋予给教师，加之《教师法》相对《高等教育法》而言属于特别法，按照特别法优于一般法的原则，高校行使教学自主权应以不妨碍教师行使评分权为前提。更何况高校在行使办学自主权的同时也要履行《中华人民共和国教育法》第29条第3款规定的“维护教师的合法权益”的义务。因此，教师评分权与办学自主权并不矛盾，只不过法律规定只有教师才能代表学校行使评分自主权罢了。那种认为教研室主任瞒着原批卷教师改分不仅不是侵权行为，而且还是高校行使“办学自主权”的具体体现的观点，也是难于自圆其说的。

其实，改分权并不是一种独立的权利，它是依附于评分权的从属权利。没有评分权就没有改分权，改分权是评分权在特定条件下的继续，这一权利只能属于原批卷教师。尽管《教师法》并未将改正学生学业成绩的权利明确赋予教师，但却将其包含在教师评分权之中，这是法律赋予教师享有“评定学生学业成绩”权利的应有之义。因为，如果教研室主任或其他什么人享有对原批卷分数的更改权，那么原批卷教师的评分权就无法得到保障，这不仅在立法上自相矛盾，同时也会留下可能造成舞弊的漏洞。所以法律不可能也不应该再将本属评分权的改分权赋予除教师之外的任何人或任何组织。当然也包括除原批卷教师以外的教师，因为法律规定的享有评定学生学业成绩权利的教师，不是泛指任何一个教师，而是特指给学生授业解惑并负责考评的教师。不过，有错必究的原则也同样适用于批卷。若原批分数确实有误，比如试题错批、漏批或加错分数，不管是谁发现，都应与原批卷教师商量，达成共识后由原批卷教师改正（除非原批卷教师无法找到）。这不仅是对原批卷教师的尊重，也是因为高校的原批卷教师往往是集教课、出题、批卷于一身，他们对所教学科、所出试题、所考重点、答题要求乃至评分标准都最有发言权。

该教研室主任瞒着阅卷教师更改分数至少可以说明两个问题：一是原评分数没有错；二是更改分数有舞弊动机。否则，有何必要越俎代庖替人改过？从程序上看，该教研室主任更改分数经过了系领导同意，好像是公事公办。其实不然，不管经什么程序，都无法改变这一行为的侵权性质。

2. 学校管理教师权要受教师权利的制约

《中华人民共和国教育法》规定：学校享有聘任教师实施奖励或者处分的权利、组织实施教育教学活动的权利。《高等教育法》也规定，高等学校有按照国家规定评聘教师的职务，调整津贴及工资分配的权利；有对教师进行考核的权利。法律授予学校的这些权利均无实施细则，可以说缺乏一定的操作性，这就导致学校只有根据自己的理解，甚至无视教师权利去行使这些权利。

比如，本案高校在考核过程中虽然规定了优秀、合格和不合格三个等级，但在操作过程中，却随意将被学生评为85分的教师考核为“不合格”，当主管部门认为“不合格依据不足”时才将其改为“基本合格”。这不仅违背了《教师法》规定的考核教师要“客观公正”的原则，也违背了“程序正义”的基本精神，因为既然“不合格依据不足”就只能在“优秀”和“合格”两个级别中择其一，不应该出现规定中根本没有的等级。考核是教师管理中的一项重要内容，是必不可少的基础性工作。但怎样将法定的考核原则在实践上切实贯彻执行，仍是个不容忽视的问题。

又比如，本案高校不聘该教师的理由先是“不合格”，后是“不服从领导的安排”，如果后一个理由也“依据不足”那肯定还会想出新的理由，在这里不是原因导致结果，而是结果生出原因。《教师法》授权国务院教育行政部门对实施教师聘任制度的步骤和办法作出具体规定，但至今该规定也未出台，聘不聘教师的权利实际掌握在各教学单位手里。这些单位的领导若能坚持原则、严格条件的话，那倒也公平，但若像本案中的单位领导那样，对某个教师有偏见、成见甚至个人恩怨，借机不聘怎么办？考核、聘任关乎到每个教师的切身利益，影响到学校和社会的稳定，但谁来保证公平、公正呢？

再比如，本案高校在被责令对该教师所申诉事项进行重新处理期间，仍将该教师视为待聘人员，当该教师不接受人事处长“去培训部受聘”的建议时，便按旷工论，停发其工资，停报其药费。实际上，在重新作出处理之前该教师仍是原教研室的教师，并不是什么“待聘人员”，根本没必要接受什么建议，更何况该建议仅属个人行为。也就是说，建议的主体和对象均属错误，而其中任何一个错误，都可使该建议无效，该教师不是“不上班”，而是上班不能。学校怎么能以此为由倒打一耙呢？

本案高校之所以如此，就在于知道学校享有：组织实施教育教学活动权、评聘教师权、调整津贴及工资分配权和对教师进行考核权，但却不知道这些权利行使的条件和程序，更不知道教师也享有：评定学生学业成绩权、公正考核权、进行教育教学活动权、按时获取工资报酬权和享受国家规定的福利待遇权；另外，还在于学校管理理念陈旧：重人治轻法治，重权力轻权利。学校管理教师的权利实质上是一种准权力，这种权力与教师权利的关系，本是后者是前者的基础前者是后者的保障，即权力来自权利为权利服务受权利监督。然而，权力一旦从权利中分离出来，就表现出很强的独立性、扩张性，一不小心就会侵犯权利。

国家依法治教、学校依法治校、教师依法执教势在必行，依靠领导的经验办事，跟着感觉走的时代即将过去，提高学校的法治水平迫在眉睫。教师上对学校下对学生，是学校实现教学目标培养合格人才的关键，也是依法治校的中心环节。如果教师的法定权利都得不到应有的尊重和善待，又怎能指望教师建立起坚定的法律信仰，满怀热情地进行普法教育，进而去影响社会呢？从某种意义上讲，善待教师权利既是依法治校的中心环节也是依法治国构建和谐社会的必然要求。在教育这个特殊领域，一方面，教育行政部门应对校长进行专门的教育法制培训，以便在管理意识层面高扬法治精神强化权利观念；另一方面，学校应设立一个以审查学校规章制度、处理教育纠纷、进行普法教育为己任的法制机构，以便在制度层面防范、制约权力的滥用，因为学校法治的希望寄托在校长一人身上也是靠不住的。当然，教师本身也要学会并善于为权利而斗争。只有这样，学校管理才有可能纳入法制化轨道，教师权利也才有可能得到真正的尊重和善待。

（二）关于“教师申诉处理决定”的两个问题

北京某教育行政机关对北京某高校教师张某的申诉，根据《教师法》第39条、《国家教委关于（教师法）若干问题的实施办法》第8条作出了“被申诉人自收到本处理决定之日起一个月内，对申诉人所申诉事项依法重新作出处理”的决定之后，又针对该申诉人因“重新处理决定”并未涉及所申诉的主要事项而再次提出的申诉，作出了“维持被申诉人的重新处理”的决定。无独有偶，四川某市教委也就一教师李某的申诉作出了既撤销被申诉人的《关于对李某予以除名的决定》，又对申诉人因此而提出的恢复“除名”前的人事编制和工资待遇的请求不予支持的决定。从逻辑上讲，无论是“撤销”还是“重新处理”都是对原处理的否定，原处理失去效力应是逻辑发展的必然结果。否则，有何必要撤销原处理决定或对所申诉事项重新做出处理？而上述案例中，两行政机关的后一决定均否定了自己的前一否定。之所以会出现这种前后矛盾的现象，问题就在于现行教师申诉制度中对教师申诉处理决定形式和程序规定的部分缺失。

1. 教师申诉处理决定的形式不够严谨

《教师法》建立了教师申诉制度，但对教师申诉处理决定形式并未作出具体规定。实践中，原国家教委《关于〈教师法〉若干问题的实施办法》（以下简称《实施办法》）第8条第2款“根据不同情况，依法作出维持或者变更原处理决定、撤销原处理决定或者责令被申诉人重新作出处理决定”是目前行政机关对教师申诉所作处理决定的形式依据。其中“撤销原处理决定”和“重新作出处理决定”的形式规定似乎不够严谨。

首先，只规定“撤销原处理决定”而没有规定“部分撤销原处理决定”有失全面。《中华人民共和国行政诉讼法》第54条第2款对此类情况，既规定了“撤销”又规定了“部分撤销”，由此可见，教师申诉处理决定形式中的“撤销”也应包括撤销和部分撤销两种情形。否则，如果申诉处理决定对部分合法部分违法的情况也只适用“撤销”的话，被申诉人再处理起来就难以理清孰是孰非，甚至会出现对的改错、错的还错的尴尬局面。

其次，将“重新作出处理决定”独立为一种形式容易引起误解。因为对“重新作出处理决定”可作三种理解：一是对原处理的完全否定；

二是对原处理的部分否定；三是对原处理既不否定也不肯定。若作第一种理解，就应先撤销再重新处理；若作第二种理解，就应先部分撤销再对被撤销部分重新处理；若作第三种理解，就不用考虑全部撤销还是部分撤销的问题，只要重新处理就行了。从字面上看应作第三种理解，因为它与前面的“维持”、“变更”、“撤销”相互独立，但这种理解缺乏应有的逻辑性和合理性，往往导致重新作出的处理决定与原处理决定的雷同，甚至更不利于申诉人的结果。从该款制定者的本意来看应作第一种理解，因空间上与其最近的就是“撤销原处理决定”，尽管两者是并列关系，但意思上毕竟有一定的连贯性，更何况若作第二种理解就更加牵强，因为没有部分撤销何谈部分重新处理。当然，作第一种理解也不是没有问题，因为它未将可能出现的部分撤销和部分重新处理的情形涵盖进去，“撤销原处理决定”未必“重新作出处理决定”，但“重新作出处理决定”必须以“撤销原处理决定”或“部分撤销原处理决定”为前提。因此，准确的表述应该是“撤销或部分撤销原处理决定并可同时责令被申诉人重新作出处理或部分重新作出处理决定”。也就是说，在原来“撤销”的基础上增加了“部分撤销”、“撤销并责令被申诉人重新作出处理决定”和“部分撤销并责令被申诉人部分重新作出处理决定”三种具体形式，使其更加全面准确。其中，第一种适用于原处理决定部分违法的情形；第二种适用于撤销原处理决定后仍需被申诉人对原处理决定所涉事项作出处理的情形；第三种适用于撤销部分违法的原处理决定后仍需被申诉人对被撤销部分所涉事项作出处理的情形。另外，还应规定被申诉人不得基于同一事实和理由作出与原处理决定基本相同的处理决定，否则“重新作出处理决定”就失去了意义。

2. 教师申诉处理决定的内容缺乏依据

教师申诉的受理机关不管作出什么决定都应写明作出该决定的法律依据，这样会使决定者更加慎重，使作出的决定更加合理合法，同时也更有利于司法监督。如果申诉人对决定不服提起行政诉讼，法院就可直接审查法律适用是否正确，不用询问作出决定的机关，作出决定的机关也不用临时再找法律依据，这样既能提高办案效率又能促使行政机关依法行政。

而现在的申诉处理决定多是："根据《中华人民共和国教师法》第39条、《国家教委关于〈教师法〉若干问题的实施办法》第8条现决定……"。表面上看，类似的决定是有法律依据的，但事实上，这些法律依据针对的只是决定的作出及其形式，而对直接关系到申诉人切身利益的决定内容所依据的法律、法规、规章或国家政策却往往只字不提。这就很难让申诉人信服，同时也很难保证申诉处理决定的合法和公正，甚至还会造成决定本身的矛盾。当然，这并不是说决定上没有法律依据就等于没有法律依据、就肯定会出问题，只是说在没有法律准绳的界定下裁判者更容易失去法律理性。如果法律规定受理申诉的机关在作出申诉处理决定时必须写明对申诉事项所作处理的法律依据，恐怕上述案例中的申诉处理决定就不会如此无视申诉人的合法权益，因为是非颠倒的法律是没有的。

行政决定必须说明理由，已成为现代法治国家公认的一项原则。葡萄牙宪法规定，行政行为如涉及公民的权利和受法律保护的利益，应说明理由。法国《说明行政行为理由及改善行政机关与公众关系法》中规定，对当事人不利的具体行政处理必须说明理由。英国《行政裁判所和调查法》规定在当事人请求时，行政裁判所的裁决和公开调查后的决定必须说明理由。[①] 相比之下，我国的行政程序法制实在落后，行政决定必须说明理由尤其法律理由还几乎是个空白。

没有程序的公正就很难有行政乃至法律实体的公正，而程序公正的最基本要求就是行政机关在准备作出对当事人不利的决定时，必须说明行政决定的理由即事实原因和法律原因，否则就谈不上任何公正。就目

① 应松年主编：《比较行政程序法》，中国法制出版社，1999年版，第178页。

前教师申诉处理的情况来看，继续寻求救济的不在少数，究其原因就在于申诉人对处理结果不理解，而不理解的原因又在于程序的瑕疵即缺少行政决定必须说明理由这个重要环节。当然这也与现行教师申诉制度不健全有关，比如《实施办法》对教师申诉处理决定规定的“维持”、“变更”、“撤销”、“重新作出处理”的四种形式，显然参照了我国的《行政诉讼法》和《行政复议法》的相关规定。但遗憾的是，对这四种形式所分别适用的条件规定却没借鉴过来，只是作了“根据不同情况”的笼统规定，到底什么情况适用什么形式的决定只有靠受理机关的“自由裁量”，这种连立法上都缺少具体适用条件的决定形式，执法部门依此作出的处理决定又怎么可能有法定依据呢？另外，这也与受理机关往往摆不正自己的位置有很大关系，它们往往将自己置于两难境地，既想解决申诉人的问题又想维护被申诉人的威信，若两者难以兼顾，就倾向于、甚至毫不犹豫地牺牲前者的权益，因为在司法还不能真正独立的情况下，行政机关即便当了被告他们也会找到顾全面子的退路，所以教师申诉很难达到预期的目标。

教师申诉制度在我国已建立整整十年了，效果应该说不够理想，其中当然有受理机关的人为因素，但更重要的恐怕是制度上还留有人为因素得以存在甚至大行其道的广阔空间。因此，健全其制度、完善其机制势在必行。

（三）教师打官司何以遭遇尴尬

北京某高校教师孙某因不服教育行政机关对其申诉所作的维持校方决定的“教师申诉处理决定”（该决定涉及其考核、聘任、工资待遇），于2000年8月22日诉至西城区人民法院，该院随即作出“起诉基本符合法定受理条件，本院决定立案审理”的书面决定。经公开审理，该院于2000年11月24日作出“驳回起诉”的裁定，理由是“申诉的事项不属于行政诉讼审查的范围，因此行政部门就孙某申诉问题所作的处理决定亦不属于行政诉讼审查的范围”。该教师对此不服，于2000年12月4日提起上诉。2001年3月，二审法院问孙某是否可调解撤诉，若可，第三人同意作出一定的让步，还特别强调：“让你考虑调解并不是说不调解你就肯定胜诉”。该教师权衡再三，在大部分权利并未得到任何救济的情况下，接受了“让步”的调解方案撤回上诉。这就留下一个问题：教师打官司何以遭遇如此尴尬？

1. 教师申诉后司法救济的条件规定不科学

上述案例中，原审法院认为该教师申诉的事项不属于行政诉讼审查的范围，因此，行政部门就该教师申诉问题所作的处理决定亦不属于行政诉讼的审查范围，这种把该教师申诉的事项等同于行政部门就申诉事项所作的处理决定的认识是错误的。因为申诉的事项和起诉的事项是两个不同的概念和范畴，行政诉讼审查的只能是起诉的事项即行政部门就该教师申诉问题所作的处理决定，而不可能也不应该是申诉的事项。

起诉的事项是否属于行政诉讼审查的范围，只能取决于起诉的事项是否属于《行政诉讼法》所规定的受案范围。尽管事项本身有时基本相同，但经不同的程序处理，其性质就会发生变化。教师申诉的事项当然不属于行政诉讼的审查范围，因为我国学校一般不作为行政主体，但这并不说明行政机关对申诉事项所作的处理决定亦不属于行政诉讼的审查范围，因为这种决定既不是内部行政行为也不是行政仲裁行为，而是具体的行政执法行为，只要属于行政诉讼受案范围的，当然可以依法提起行政诉讼。我国《教师法》之所以没有作出相关规定，笔者认为，是因为没这个必要，否则倒有画蛇添足之嫌。

当然，该原审法院“驳回起诉”的理由也并非空穴来风，显然是以原国家教委《关于（教师法）若干问题的实施办法》的第8条第4款为依据的。该款规定“申诉当事人对申诉处理决定不服的，可向原处理机关隶属的人民政府申请复核。其申诉内容直接涉及其人身权、财产权及其他属于行政复议、行政诉讼受案范围事项的，可以依法提起行政复议或者行政诉讼。”可见，该款将“申诉当事人对申诉处理决定不服”和“其申诉内容直接涉及其人身权、财产权及其他属于行政诉讼受案范围事项的”作为“可以依法提起行政诉讼”所必须具备的两个条件。第一个条件当然是应该的，而第二个条件就不那么应该了，因为可以依法提起行政诉讼且属于行政诉讼受案范围事项的，只能是作为行政起诉内容的具体行政行为，而不可能是作为申诉内容的非行政行为，申诉内容只能是决定是否受理申诉时考虑的问题而不应该是决定是否受理起诉时考虑的问题。显然第二个条件不仅在概念上混淆了申诉内容和起诉内容，而且在实践上引起了误导，因此，将其“申诉内容”改成“申诉处理决定”为妥。

2. 教师申诉后司法救济的格局失衡

《北京市教师申诉办法》第 24 条第 2 款，“教师对申诉处理决定不服的，属于行政诉讼受案范围的，可以依法提起行政诉讼”。可以说弥补了原国家教委《关于（教师法）若干问题的实施办法》第 8 条第 4 款的不足，加之像考核、聘任、工资待遇这些直接关系到公民人格、身份和财产的基本权利无不属于《行政诉讼法》第 11 条第 8 款“认为行政机关侵犯其人身权、财产权的”和《最高人民法院关于执行行政诉讼法若干问题的解释》第 1 条第 1 款“对行政行为不服依法提起行政诉讼的”所规定的受案范围，且不属于两者规定的排除范围，所以本案原审法院对该教师的起诉进行审查的结果是“起诉基本符合法定受理条件，本院决定立案审理”。既然决定立案审理，就不应存在“裁定驳回起诉”的问题，因为它不属于《执行行政诉讼法若干问题的解释》第 32 条第 2 款规定的“七日内不能决定受理的，应当先予受理”的情况。再者，对“不符合起诉条件的，裁定驳回起诉”应发生在“审查”阶段而不应发生在公开审理之后，更令人费解的是从决定受理到驳回起诉的时间竟长达 3 个多月（8 月 22 日 ~ 11 月 24 日）超过了法定的审理期限。是什么原因导致法院的这种出尔反尔的超期裁定？是义利抉择的艰难，是制度本身的缺陷，还是两者兼而有之？这是一个令人深思的问题。

行政诉讼法学的常识告诉我们，人民法院审理行政案件不得采用调解作为审理程序和结案方式。本案二审法院虽未以调解作为结案的方式，但却将调解作为审理的程序，最终使上诉人在第三人同意作出一定让步的情况下撤诉。在此期间，被上诉人并没有改变原具体行政行为。实际上，这是不改变的改变，因为第三人不能改变被上诉人维持的决定，第三人既然改了就说明被上诉人的维持决定也改了，只不过没有书面形式而已。这种隐性的对原具体行政行为的改变，既保全了行政机关的面子，又息讼宁人，还不明显违反二审中被告不得变更原具体行政行为的原则，像是三全其美，其实却严重背离了行政诉讼的价值原则，因为行政诉讼的价值并不仅仅在于“保护公民、法人和其他组织的合法权益”，而且还要通过对具体行政行为的合法性审查，监督行政机关依法行政。此外，二审法院还肩负着对初审法院实施审判监督的重任，所有这些诉审功能均未在本案中得到体现，可以说二审法院有渎职之嫌。

上述不该驳回的“驳回”、不该调解的“调解”责任并不完全在于法院，还在于教师权利救济的制度设计不够合理。国外有教育法庭制度、教育仲裁制度和司法救济制度，而我国却以教师申诉制度为主，辅之以行政复核、复议制度和不太管用的司法救济制度。教师若认为学校侵害了自己的合法权益并不能直接起诉学校，必须先到主管学校的行政机关申诉，对申诉处理决定不服才能以该行政机关为被告以学校为第三人提起行政诉讼。这种申诉后的诉讼格局很难将官司进行到底。

一是因为法院更容易将行政诉讼的不可调解变得可以调解。理论上，行政机关做出的具体行政行为是其行使法定职权的表现，而对于这种职权，行政机关不得放弃或者让步，否则即构成失职，因此在行政诉讼中适用调解，会造成行政机关法定职权的性质与调解的前提之间相互矛盾。[①]而在实践上，申诉后的行政诉讼适用调解表面上却可避免这种矛盾，因

---

① 张正钊主编：《行政法与行政诉讼法》，中国人民大学出版社，1999 年版，第 344 页。

为法院可以改变调解的对象和内容，即调解的对象是原告（上诉人）和第三人，而不是原告（上诉人）和被告（被上诉人），调解的内容也不是被告（被上诉人）的具体行政行为，而是第三人的具体管理行为。也就是说，在不改变原具体行政行为的情况下，使不可调解变得似乎可以调解，且更加隐蔽。本案二审法院就是如此。

二是因为作为被告或被上诉人的行政机关为立于不败之地必然和作为第三人的学校联起手来共同对付作为原告或上诉人的教师。如果说在申诉格局中受理申诉的行政机关表面上还是教师权利的捍卫者的话，那么到了诉讼阶段它就立刻变成教师的对立面。教师相对学校本就处于弱势，若再加上行政机关，他就更加势孤力单。

三是因为面对强强联合的对手，教师的赌注全压在了法院的身上，而法院这个本可制衡的砝码却难以承其重。它面对的往往不是一个行政机关，而是一个与其有着千丝万缕联系甚至在人、财、物方面还要受其制约的得罪不起的党政系统，加之该类型的行政诉讼起步较晚，有关法律法规还很不健全，所以用“不予受理”、“驳回起诉”或调解“撤诉”这些装糊涂或和稀泥的办法来“解决”，在法院看来往往是最佳选择。而在教师看来这种选择无异于宣告司法救济的破产，因为他们为捍卫自己的合法权益从行政申诉到行政诉讼一路奔走呼号往往得到的却是不败而败、一无所获，甚至还要付出更大的代价。

鉴于此，法律是否考虑将学校确立为特别行政主体，并授予其明确的特别行政管理职权，使其直接受到行政与司法的双重监督，若教师认为学校侵犯了自己的合法权益，既可以通过申诉解决问题，又可以直接提起行政诉讼。若果真如此，教师申诉后司法救济的尴尬局面才有望得以根本扭转，教师权利的救济也才可能真正多元化、有效化。①

---

① 本文由几篇文章整合而成，其中《改动学生成绩的权利属于教师》原载《光明日报》2001年1月16日；《关于“教师申诉处理决定”的两个问题》原载《教学与管理》2004年06期；《教师打官司何以遭遇尴尬》原载《教学与管理》2005年03期。

第四章

历史研究方法论

一

中共党史解读的新视角

——读石仲泉《我观党史》二集

史学研究者难以脱离理论视角来探讨历史事实。石仲泉近年就先后从三种不同的理论视角对中共历史进行了宏观解读，为党史研究开辟了新的视域，同时也给我们以重要启示：党史研究者若要有所前进和创新，必须善于关注党的最新认识，借鉴国内外新的史学理论与方法，不断发掘和运用新的视角。

改革开放以来，由于受西方史学思潮的影响，党史解读的范式也呈多元化趋势：除传统的革命史范式外，比较典型的还有现代化、自然史、社会史等多种范式。近年随着中国共产党理论的不断创新，党史解读也出现了一些新的视角。比如，资深党史学家石仲泉在他《我观党史》和新近出版的《我观党史二集》两本巨著中，就先后从“三个代表”、社会主义和马克思主义中国化三种不同的理论本身所蕴含的观察问题、思考问题的特殊角度对中共历史进行了宏观解读。当然，这些解读还算不上什么“范式”，但却为解读党史提供了新的思路、新的论域、新的观点。

（一）“三个代表”视角

“三个代表”思想提出不久，学界就开始从中国共产党历史发展的角度对其进行研究。石仲泉就是比较早的学者之一，他是开宗明义地用“三个代表”思想解读党史的第一人。他在相关的著述中，主要从以下几个方面论证：中国共产党的产生与发展、成功与失误都与是否“代表中国先进生产力的发展要求，代表中国先进文化的前进方向，代表中国最广大人民群众的根本利益”密切相关。

第一，中国共产党创立的本身，就是先进的思想理论和先进的生产力的物质载体相结合的产物。20世纪初叶，一批爱国进步的知识分子接受了代表先进文化前进方向的马克思列宁主义理论，深入到代表先进生产力的产业工人群众中去传播先进的革命理论，使两者相结合，从而诞生了中国共产党，并在党的二大通过的纲领上已明确规定党是中国无产阶级的忠实代表。因此，党的创立本身体现了“三个代表”的要求。

第二，党的二大制定的反帝反封的民主革命纲领和通过的建立民主联合战线的决议，既代表了先进生产力的发展要求，又代表了人民群众的根本利益。在这样正确思想的指导下，党实现了第一次国共合作，取得了北伐战争的胜利。但大革命后期的右倾机会主义和30年代前期的“左”倾机会主义都违背了“三个代表”，使革命遭受了两次严重挫折。

第三，抗日战争使毛泽东思想走向成熟，并成为党的指导思想。这一指导思想正体现“三个代表”。比如“中国一切政党的政策及其实践在中国人民中所表现的作用好坏、大小，归根到底，看它对于中国人民的生产力的发展是否有帮助及其帮助之大小，看它是束缚生产力的，还是解放生产力的”判断标准①；比如新民主主义的“民主的、科学的、大众的文化”纲领；再比如把“全心全意为人民服务”作为共产党区别于其他政党的根本标志，并倡导“共产党人的一切言论行动，必须以合乎最广大人民群众的最大利益，为最广大人民群众所拥护为最高标准”等②，不仅是对新民主主义革命规律有了正确认识的折射，而且也完整地体现了“三个代表”思想。正因如此，我们党才制定了一整套正确的方针政策，从而夺取了抗日战争和解放战争的伟大胜利。

---

① 《毛泽东选集》，第3卷，人民出版社，1991年版，第1079页。

② 《毛泽东选集》，第3卷，第1096页。

第四，建国后，党在解决怎样由新民主主义转变为社会主义问题上比较好地体现了“三个代表”思想，而在解决建设什么样的社会主义问题上却没有如愿地体现“三个代表”思想，在一个时期甚至违背了“三个代表”思想。党首先用三年的时间恢复和发展国民经济，随后，又成功地进行了社会主义三大改造。但是，不幸的是在探索中国自己建设社会主义道路的过程中，也先后发生了两次严重挫折。发动“大跃进”的本意，是想促进生产力的发展，但由于不尊重客观经济规律，结果造成了国民经济的大破坏。发动“文化大革命”，本想使社会主义事业健康发展，使党能更忠实地代表中国最广大人民的根本利益，但由于“以阶级斗争为纲”，造成了经济和社会秩序的严重混乱。在思想文化领域，搞“大批判”也阻碍和破坏了先进文化的发展。这种主观上坚持“三个代表”而客观上却违背“三个代表”的关键在于，对什么是先进生产力的发展要求和先进文化的前进方向，怎样才能做到这一点，在理论上没有完全搞清楚。

第五，十一届三中全会以后，我们党始终坚持以经济建设为中心，坚持改革开放，加强民主法制和精神文明建设，不断改善人民生活，努力促进经济和社会的全面发展，取得了举世瞩目的成就。之所以如此，还是在于我们党制定的路线、纲领、政策，体现了中国先进生产力的发展要求和先进文化的前进方向，真正代表着最广大人民的根本利益。

石仲泉用“三个代表”思想解读党史得出的基本结论是：“我们党之所以能够不断创造辉煌的业绩，根本原因在于党坚持了“三个代表”思想；在探索前进的道路上犯的严重错误，归根结底也还是由于违背了‘三个代表’思想。”① 在他看来，中国共产党的创立及其历史上所取得的的五度辉煌，即大革命的辉煌、抗日战争的辉煌、解放战争的辉煌、建国后头八年的辉煌和改革开放的辉煌无不体现“三个代表”的先进

① 石仲泉：《我观党史二集》，中共党史出版社，2008年版，第110页。

性。而党所犯的四次严重错误，即大革命后期的右倾错误、土地革命时期的“左”倾错误、社会主义建设时期的“大跃进”错误和持续十年的“文化大革命”错误，又无一符合“三个代表”思想的要求。当然，客观上违背“三个代表”，并不意味着主观上没有坚持“三个代表”，主观上想“代表”与制定的大政方针政策能否“代表”，毕竟是两回事。

应该说，他的这种解读还是相当概括的，只是对党的五度辉煌、四次错误从“三个代表”的角度作了较为宏观的理解和阐释，缺乏对每一度辉煌是怎样体现“三个代表”，每一个错误又是怎样违背“三个代表”的具体论证，不过，却引起了党史学界对这一问题的深入思考。郭德宏教授在《理论学刊》(2002 年第 5 期) 发表的《“三个代表”重要思想与中共党史研究》一文中，率先提出了党史学上的“还原”概念，主张既然“三个代表”“是从党的历史中总结出来的，就应该把它还原到中共党史的研究中去，用它作标准，来重新评价中国共产党历史”[①]，并对第一次大革命的失败、土地革命时期的左倾错误、三大改造和五七年以后的左倾错误这些党史上的重大问题进行重新审视，得出了一些更能深刻地反映历史本质的结论。这无疑是对石仲泉“解读”的深化。张静如教授也沿着郭德宏的“还原”思路，在《党的文献》(2002 年第 6 期) 发表《既要解读“三个代表”，又要还原“三个代表”》一文，认为，仅仅“解读”是不够的，还需深入下去，还原“三个代表”，看历史过程是怎样体现这三个方面要求的。他还在《中共党史研究》(2003 年第 1 期) 发表了《把“三个代表”重要思想作为中共历史研究的内容》一文，对“还原”的依据、内涵、注意事项作了进一步思考，认为：“三个代表”是从中国共产党历史发展全过程中抽引、总结、概括出来的，既然是原有的，就应该能还原回去，否则就是不符合实际的。“所谓‘还原’，就是把抽引、总结、概括出来的结论应用到历史过程之中，作

① 郭德宏：《三个代表”重要思想与中共党史研究》，《理论学刊》，2002 年 05 期。

为内容加以研究。”但“还原”要注意两个问题：一是对大的问题、阶段、事件、人物的还原，而没必要也不可能对所有问题进行还原；二是从关系密切的方面还原，而不一定是面面俱到的还原。① 同时，他还以中国共产党的产生、文化大革命和土地革命的左倾错误为例进行了“还原”示范。这就对什么是还原，为什么还原，怎样还原，等一系列问题，作了较为全面的理论阐释和实践论证，从而既丰富了党史学理论又深化了党史研究。

由此可见，石仲泉这种党史解读的新视角不仅开了用“三个代表”思想解读党史的先河，而且直接催生了“还原”的理论和实践，为党史研究怎样贯彻和宣传“三个代表”思想，以及怎样用“三个代表”思想指导党史研究确实起了开拓性的作用。

（二）社会主义视角

中国共产党本身就是社会主义或共产主义运动在中国不断发展的产物，所以最早期的党史著作如瞿秋白的《社会主义运动在中国》和陈公博的《共产主义运动在中国》就冠之以社会主义或共产主义。其实，不管是《社会主义运动在中国》还是《共产主义运动在中国》，在笔者看来，均可认为是对中国共产党历史的最初称谓。尽管它们都将中国共产党的产生与发展看作中国社会主义或共产主义运动的产生与发展，但并未从社会主义或共产主义的视角去研究中国共产党的早期历史，即便是后来社会主义时期的党史著作，在谈到对社会主义的探索时，也很少将新民主主义革命涵盖其中。因为毛泽东在《中国革命和中国共产党》中早就讲过：民主主义革命和社会主义革命，“这是两个性质不同的革命过程”。既然性质不同，两者就不能混为一谈。但石仲泉却从联系的观

① 张静如：《把“三个代表”重要思想作为中共历史研究的内容》，《中共党史研究》，2003年01期。

点，依据“民主主义革命是社会主义革命的必要准备，社会主义革命是民主主义革命的必然趋势”① 这一著名论断，对新民主主义革命作了新的解读。他认为，既然是“必要准备”，“那么对新民主主义的革命的探索，实际上就是为所追求的社会主义而进行的探索的一部分”②，并从党的纲领、革命道路、经济政策和宣传教育四个方面论证了这个观点。

从党的纲领看，最高纲领是实现社会主义、共产主义。最低纲领是打倒军阀、推翻国际帝国主义的压迫，统一中国为真正的民主共和国。党规定最低纲领是为了实现最高纲领，进行民主革命是为了实现社会主义。从革命道路看，割据农村不是目的，最后还要占领城市，使民主社会由农业基础到工业基础，通过新民主主义实现社会主义。从经济政策看，在土地革命战争、抗日战争和解放战争三个时期，党的经济政策虽然有所不同，但都注意发展公有制经济和合作社经济。这无疑是为将来的社会主义作积累性的准备。从宣传教育看，在革命战争年代，党在注重革命教育的同时，还特别注重社会主义理想和信念教育，“苏联的今天就是我们的明天”已成为革命的精神动力。因此，对革命如何胜利进行的探索，就是为了追求社会主义。石仲泉之所以能用一些简单的历史事实论证一个令人费解的观点，关键在于选择了一个较为恰当的视角。因为，一定的历史事实只有在相应的理论视角中才能显现出来，并反过来恰当地说明这一理论。

对新中国成立后的党史，他以十一届三中全会为界划分为两个阶段 6 个时期：新中国成立后的头 7 年是由新民主主义向社会主义转变的探索期；党的八大前后一年半左右，是党对社会主义建设道路的正确探索期；从 1957 年反右派斗争扩大化到 1966 年“文化大革命”爆发之前，是党探索社会主义道路的曲折发展期；“文化大革命”10 年是党探索社

① 《毛泽东选集》，第 2 卷，人民出版社，1991 年版，第 651 页。

② 石仲泉：《我观党史》，济南出版社，2001 年版，第 252 页。

会主义的严重失误期；“两年徘徊”是党探索社会主义由乱到治的过渡期；十一届三中全会以来的20多年是党对社会主义探索的新时期。新中国成立后历史“界限的划分是我们党的十一届三中全会”的思想①，首先是由邓小平提出的。而将这两个阶段再细分为六个时期却是石仲泉对《关于建国以来党的若干历史问题的决议》有关历史时期划分的一个发展。《历史决议》将建国后党史分为基本完成社会主义改造的7年、开始全面建设社会主义的10年、“文化大革命”的10年和1976年10月后的伟大转折四个阶段。在此基础上，他将八大前后一年多的时间和粉碎“四人帮”后的“两年徘徊”分别从第二和第四阶段中独立出来，这就使原来的四个阶段变成了六个时期。这种依据社会主义探索的不同情况所作的历史分期，使新中国成立后的党史主题突出，特征鲜明，更能体现历史与逻辑的统一，更能直观地说明社会主义在中国的艰难与曲折，成就与辉煌。

同时他又从马克思主义哲学认识论的角度，将党探索社会主义的历程作具体解析，认为：“指导建设社会主义的实际理论，即有马列主义原理与中国具体实际结合得很好的，也有没结合好的。但是，无论结合得好与不好，都构成了指导中国建设社会主义的实际理论的认识之链。”② 这个认识之链是由通过新民主主义理论，走向社会主义；立足于过渡时期总路线理论，进入社会主义；制定八大路线，全面建设社会主义；重新认定阶级斗争为主要矛盾，高举“三面红旗”建设社会主义；依靠“无产阶级专政下继续革命的理论”建设社会主义；提出“抓纲治国”，建设社会主义和坚持“一个中心、两个基本点”的基本路线，在邓小平理论指导下建设有中国特色社会主义这七个认识之环构成的。将指导建设社会主义的实际理论作这样的链与环的分析，有助于我们对过

① 《邓小平文选》，第三卷，人民出版社，1993年版，第157页。
② 石仲泉：《我观党史》，济南出版社，2001年版，第263页。

去的错误认识不采取简单化态度，因为它也是链上之环；也有助于我们能从整体上更好地反思党的历史，更能深刻地认识到，搞清楚社会主义与资本主义的关系是党探索社会主义的一条重要历史经验。

石仲泉以社会主义为视角解读党史，不仅将新民主主义革命纳入社会主义的视野，而且概括出中国共产党对社会主义理论认识的“链”与“环”，从而抓住了追求探索社会主义这一党史的最基本线索和价值取向，并在此基础上进而展开，将党领导的新民主主义革命史与社会主义建设和改革史有机结合起来，这样更有利于从整体上把握党的历史发展，解读党的成功与失误。当然这种解读视角还只是初步的认识轮廓，还未形成真正意义上的党史叙事框架。

（三）马克思主义中国化视角

研究马克思主义中国化的著述不少，但多从论的层面，真正从马克思主义中国化的角度解读党史的著述并不多见。杨奎松的《马克思主义中国化的历史进程》算是比较早的一部专著。不过，该书将马克思主义中国化进程局限在新民主主义革命阶段，并且主要从史的层面，“并不试图对自己所说明的每一个问题进行理论性的总结和评论”①。而石仲泉根据龚育之提出的观点，于2006年写成的《马克思主义中国化的基本历程》，却以史论结合为视点，以“三二二三”，即三个时期、两个飞跃、两条道路、三大理论为框架，从更宏观的层面解读了中国共产党85年的历史。

第一个时期是从党的成立到新中国的成立的28年。在这个时期，党基本上明确了什么是新民主主义革命和怎样进行新民主主义革命的一系列根本问题，从而实现了马克思主义中国化的第一次历史性飞跃。在这个飞跃过程中，经历了理论的四次提升：一是提出“马克思主义中国

① 杨奎松：《马克思主义中国化的历史进程》，河南人民出版社，1994年版，第5页。

化”的科学概念；二是明确“农村包围城市”的中国特色革命道路；三是新民主主义理论；四是毛泽东思想。同时也应看到，党在这个时期犯了“左”、右倾错误的根源在于将马克思主义教条化而未中国化。

第二个时期是从新中国成立到十一届三中全会的29年，是“马克思主义中国化第一次历史性飞跃的延伸和第二次历史性飞跃的准备”①。这一“延伸”和“准备”的观点首先是龚育之提出来的，石仲泉对此又进一步展开论述。他认为，十三大概括的马克思主义中国化的“第一次飞跃”的时间下限1949年与十四大概括的“第一次伟大革命”的时间下限1956年有个时间差。所谓“延伸”，就是指从1949年新中国成立延伸到1956年社会主义改造基本完成及其以后的一段调整。这段延伸的成果是，初步建立了社会主义基本制度，同时毛泽东思想也得到了丰富和发展，在总体上回答了中国如何实现革命转变，走向社会主义的问题。所谓“准备”，指的是从1956年八大的探索到十一届三中全会的历史性转折。这个时期，党所进行的将马克思主义理论与中国社会主义建设实际相结合的曲折探索，无疑对第二次历史性飞跃做了重要准备，比如，提供了政治保障、经济基础、思想条件、历史参照和干部资源。没有这样的准备，很难有马克思主义中国化第二次历史性飞跃。更重要的是，他明确指出了党在这个时期犯的错误并不在于没有坚持马克思主义中国化的理念，而在于对马克思主义理论、中国实际以及对社会主义与资本主义关系的不正确的认识，在于那时讲的“中国化”没有融入“当代化”元素。所谓“当代化”就是与时俱进。比如，1958年开始的“大跃进”运动就背离了当时世界新的科学技术革命的潮流，不是与时俱进而是反时倒退。

第三个时期是指十一届三中全会以来的28年。这个时期，我们党马克思主义中国化的理念开始注入“当代化”元素，开始实现马克思主义

① 石仲泉：《我观党史二集》，中共党史出版社，2008年版，第303页。

同中国实际和时代特征相结合的第二次历史性飞跃：探索出一条建设中国特色社会主义道路；创立了邓小平理论、“三个代表”重要思想和科学发展观。这是马克思主义中国化的最新成果，比较系统地解决了什么是社会主义，怎样建设社会主义，建设什么样的党，怎样建设党，实行什么样的发展，怎样发展的问题。

石仲泉以马克思主义中国化视角解读党史的特点，在于抓住了党史主客体关系的本质，既不摆脱历史叙述，又不完全依附历史叙述，从史、论两个层面不仅回答了“化”什么，怎么“化”以及“化”出了什么独特的东西等一系列基本问题，而且提出了一些令人耳目一新的观点：比如，马克思主义中国化思想自觉创立之日起，实际上已经孕育并在实际斗争中运用的观点；中央苏区是马克思主义中国化的一个重要实践基地的观点；整风运动既是马克思主义思想教育运动，也是马克思主义中国化理论提升运动的观点；马克思主义中国化的理念是具体的、历史的、发展的观点；毛泽东思想、邓小平理论和“三个代表”重要思想分别是对马克思主义革命理论、马克思主义社会主义理论形态和马克思主义执政党建设理论的伟大创新的观点；党在大革命和土地革命时期以及1949年以后的主要错误倾向，都与马克思主义未能中国化有关的观点；坚持马克思主义中国化的理念并不等于就能实现马克思主义的中国化，关键在于对马克思主义、中国实际、时代特征要有正确的认识和把握的观点等，都无疑将对中国共产党历史的认识推向了一个新的高度。

不站在时代高度看历史，对历史的认识就难有前进和创新。所谓时代高度，就是“根据党的最新认识来反思过去走过的历史道路”①。这是石仲泉在组织编写《中国共产党历史》中卷稿时所强调的一个思想。而上述党史解读的三个理论视角，可说是他对这一史学思想的最好践履，同时也给我们以重要启示，党史解读若要有所前进和创新，党史研究者

---

① 石仲泉：《我观党史》，第1011页。

必须善于关注党的最新认识，学习和借鉴国内外新的史学理论与方法，不断发掘和运用新的视角。在视角主义看来，“一切知识本质上都是带有视角性的，也就是说，知识的要求和知识的评价总是发生在一种框架之内”①。按照这种观点，任何一个党史研究者都无法脱离理论视角来探讨党史事实。当然也应注意，党史解读要让历史体现理论，而不只是理论说明历史，也就是说，仅仅宏观的、概括的、偏重论的解读是不够的，还需要作微观的、具体的、偏重史的解读，并在此基础上提炼出新的概念、新的范畴、新的视阈、新的框架，进而上升到“范式”的高度。这才是党史解读所应努力达到的目标。②

① 转引自约翰塞尔：《心灵、语言和社会》，李步楼译，上海译文出版社，2001 年版，第 21 页。

② 原载《理论月刊》，2009 年第 10 期。

二

中共党史研究的几个方法

——读石仲泉的三本著作

石仲泉“走走党史”的治学理念，大跨度、长时段、大时空的的比较视野，总结经验教训和评价历史事件的两个不同标准，以及由即时点向将来某个时间点的历史跟踪，无疑对党史研究中的“概念化”、狭隘性、“苛求”历史和个人，以及浮躁的“跟风”现象具有特别重要的意义。当然，学无定法，法无绝对，这也是应该注意的。

党史研究的方法是党史研究主体与客体联系的中介，党史研究的科学化必须借助于科学的研究方法。任何一个从事党史研究的人，都会有意无意地采用一些方法，石仲泉也不例外。笔者在读完他的《长征行》、《我观党史》和《“三个代表”思想：领航二十一世纪的中国》后，感受最深的就是他所运用的实地调研、纵横比较、历史主义和跟踪研究四种方法，现将其略作梳理，以便有助于我们更好的学习和借鉴。

（一）实地调研方法

“实地调研”，在石仲泉看来，就是党史工作者要“走出‘书斋’，去感受和体验某些最重要的党史问题，努力掌握第一手原始的实际的可靠材料”。其作用在于“这既可以丰富党史的内涵，也有助于党史研究的深入，包括校正一些史实”。[①] 应该说，实地调研法并不是什么新发明。类似的方法，在国外有英国功能学派的代表人物马林诺夫斯基所倡

① 石仲泉：《长征行》，中共党史出版社，2006 年版，第 2 页。

导的“fieldwork”即田野调查法；在国内有传统的实地考察法。司马迁之所以能写出《史记》那样伟大的著作，一个很重要的方面，就在于他“网罗天下放失旧闻”，使“百年之间，天下遗文故事，靡不毕集太史公”①。党史专家彭明的《五四运动史》之所以能成为五四运动研究的上乘之作，也与他“每读到一段文字资料时，总要尽可能地到发生这些事件的地方去走访”有很大关系②。由此可见，运用实地调研法研究历史已是个传统，用这种方法研究党史，石仲泉也不是第一人。但是，用这种方法研究当代党史，并将其上升到党史治学理念的高度，石仲泉却是首倡。

首先，他认为深入进行实地调研，是推动当代党史研究的一个重要方法。何谓当代党史，石仲泉并无明确界定。但根据他将其与民主革命时期和社会主义建设前期党史相并列来看，应该是指十一届三中全会以来的党史。他认为，当代党史的实践性、政策性很强，当代党史的研究除了深入进行文献的收集外，就是深入实践，调查研究。因为，“我们党每天都在创造历史，这些历史每天也正在充实着党史研究的内容，扩展着党史研究的范围。要把这些活生生的历史研究好，总结好，不深入实际，不掌握第一手感性材料是不行的”。“深入进行实地调研，是推动当代党史研究的一个重要方法。”③ 出于这种考虑，2001 年 9 月，他针对江泽民“七一讲话”所提出的新观点、新论断对私营企业发展的影响，尤其对私营企业主的政治定位、入党标准，有无剥削等现实问题，专程到浙江这个非公有制经济比较发达的地区，做了一周的实地考察和专题调研。考察的对象是具有一定规模的优秀企业。调研的方式有召开座谈会、听取汇报、个别访谈、实地考察四种。通过考察调研，他们真切地

---

① 司马迁：《史记》，卷一百三十，《太史公自序》。

② 彭明：《五四运动史》，人民出版社，1984 年版，第 5 页。

③ 石仲泉：《“三个代表”思想：领航二十一世纪的中国》，广东教育出版社，2002 年版，第 406 页。

看到了人们对党提出的新观点、新论断的真实反应。

如有的私营企业主认为，“七一讲话”把非公有制企业经营者定为“有中国特色社会主义事业的建设者”，并允许其入党。这就解决了经营者个人的社会地位问题，使大家感到平等了。正如一位私企的党委书记所说，允许私营企业主优秀分子入党，是实践的要求，必须这样搞，否则就无法体现“三个代表”。如果把他们长期排斥在外，党的群众基础就受影响。再如，对私企业主有无剥削问题，不少人提出了自己的观点。有人认为，工人们在私企受剥削的感觉并不强烈，有工作，有钱赚就满足了。还有人认为，私营企业主是为社会主义生产力服务的，如果把他们与资本主义条件下的资本家相比，与旧中国条件下的资产阶级相提并论，是不科学的。甚至有人认为，总是纠缠在剥削不剥削这个概念上，对经济发展是不利的。对马克思界定的剥削概念，应当重新认识。

以上这些活生生的第一手材料不通过实地调研是不可能得到的。他的考察调研基本达到了预期的目的，效果不错。同时，他还就调研的方式方法以及应该注意的问题进行了及时的概括和总结。首先，调查研究必须坚持科学态度，切忌带着框框看问题。因为，当代党史是一部动态的、发展着的党史，许多问题处于形成和发展的过程之中。其次，细致周密的调研提纲，是调查研究获得成功的基础。在调查工作开展前，要明确调查主题、调查对象、调查手段和调查计划；还要对所调研的研究前沿、实践状况、热点难点问题有所了解，努力做到有的放矢，中心突出。最后，注意调研方法的综合性运用，力争获得全面而准确的材料。调研方法一般有回报式、漫谈式和讨论式三种。这三种方式各有利弊：回报式对形成调查研究的整体印象有好处，但难以摸清底数；漫谈式则对于更丰富的了解被调查对象的情况有好处，而随意性较大；讨论式中心突出，但要善于启发。如果将多种调研方法有机统一起来，就会对所考察的对象和问题能够获得比较深刻的印象，增扩考察的真实性的底数。这些经验之谈对怎样进行实地调研无疑具有重要的方法论意义。

就党的最高领导人的一次讲话，能作如此及时、深入的实地调研，这在党史学史上是极为少见的。这至少说明两点：一是调研的客体确实不同凡响，具有极高的调研价值；二是调研的主体也确实具有捕捉、感悟重大信息的能力。事实正是如此，江泽民的“七一讲话”在理论上有重大突破，尤其关于私企业主入党问题，在社会上引起巨大反响，在实践上还需要进一步检验。对此，石仲泉也独具慧眼，认为“‘七一讲话’是当代最重要的党史内容。研究当代党史，首先就要研究‘七一讲话’”①。而调查研究却是研究当代党史的重要环节，因为“当代党史与民主革命时期、社会主义建设前期党史相比较，最大的特点就是，它的丰富的内涵和发展的规律都蕴涵在我们党和人民群众每时每刻进行的社会主义现代化建设的实践中”。② 这里，石仲泉对当代党史的内涵、特点和研究途径又作了进一步阐释，初步回答了什么是当代党史，怎样研究当代党史等基本问题。当然，“当代党史”这种提法是否科学还可以研究，但这至少是对新时期党史的一种新称谓，对认识和把握这段党史研究的特点具有一定的积极意义。

其次，他认为“走走党史”是“概念党史”转向“形象党史”的关键环节。近年，石仲泉提出一个很重要的党史学思想就是：完全根据过去的党史文献、党史资料和党史书籍，还有领导人的著作等来形成的对党史的认识，在总体上是概念性的。“党史工作者有一个由概念党史经过体验党史，形成形象党史，再来叙述和理论党史的问题。”③ 基于这种理念，他开始了“走走党史”，实地考察了井冈山斗争的历史、中共苏区的历史、延安作为党领导的革命事业中心的历史，尤其对几个方面军的长征作了实地考察，获得了关于长征的许多实际感受和具体认识。

比如，在弄清史实方面。湘江战役的实际损失是 3 万多人，而不是

① 石仲泉：《三个代表”思想：领航二十一世纪的中国》，第 369 页。
② 石仲泉：《三个代表”思想：领航二十一世纪的中国》，第 407 页。
③ 石仲泉：《长征行》，第 1 ~2 页。

一直讲的 5 万多人，这就纠正了一个重要的史实讹误。还有，毛泽东在甘肃哈达铺看到的载有陕北红军消息的报纸，究竟是什么报纸？是在前往哈达铺途中还是到达哈达铺之后？目前的各种出版物说法不一。《宕昌县志》经过调查后认为：毛泽东是在到达哈达铺的前一天即 1935 年 9 月 20 日，收到聂荣臻派通讯员送去的国民党《山西日报》，上面载有阎锡山部“围剿”陕北刘志丹红军的消息。这个说法纠正了一些不准确的回忆材料。

又比如，在对党史事物的认识方面。经过对红四方面军开辟的川陕根据地及随后的长征作了重点考察，他认为过去对红四方面军的研究和宣传相当失衡，它在长征史上的作用和贡献不可低估。至少在所经地区以及对中央红军在北进川西和人力物力方面分别发挥了重要的宣传、策应和支援作用，并在整个人民军队的发展史上占有重要地位。通过调研，他还明确感到遵义会议前后的一些会议，即从通道会议到苟坝会议和会理会议是个系列会议，形成一段历史链条，每个会议是其中的一个历史环节。这众多环节的合力作用推动形成党的历史的伟大转折，遵义会议是形成这段历史伟大转折的根本标志。而过去比较多的是孤零零的研究这些会议的作用。可以说，这是石仲泉由概念党史到形象党史的一个成功提升。

另外，走完长征路之后，他根据红军长征两年历史进程的内容，每个阶段所面临的主要问题和解决的主要矛盾，将长征历程分为从长征开始到遵义会议前、从遵义会议至两河口会议、从两河口会议至中央红军到达哈达铺、从哈达铺至陕北胜利完成长征、从中央红军抵达陕北至三大主力在陕甘宁会师五个阶段。这对长征史的研究具有重要的基础性作用。更重要的是，他运用“走走党史”的方法写了 34 万字的一本专著《长征行》，把重走长征路的所闻、所见、所思、所论记录下来，将游记散文和学术论文两种体裁有机结合起来，历史与现实相融，文采与思想并茂，摆脱了正规党史出版物的概念化。这是石仲泉“由概念党史经过体验党史，形成形象党史，再来叙述和理论党史”的第一部力作。

当下，泛泛谈论党史的人多，认真研究党史的人少，真正愿意“走走党史”的人少之又少。石仲泉“走走党史”的思想与实践似乎有点“另类”，但如果想在党史事实上有所发现，党史过程中有所体验，党史研究上有所创新，党史叙述上更加生动形象，那么这种“另类”的思想与实践又无疑是真正的学者“正道”。

（二）纵横比较方法

党史比较研究法，是指对各种党史现象进行时间系列上的前后阶段的纵向比较研究，或空间上的同一阶段的横向比较研究，是党史研究中一个最常用的重要方法。石仲泉用这种方法对党史人物、事件、理论乃至错误都进行了既有纵向也有横向的比较研究，作出了较为客观的历史定位，同时也提出了一些令人耳目一新的观点。

1. 人物、思想的纵横比较。石仲泉《我观党史》第三编，是研究党史人物的，如毛泽东、周恩来、刘少奇、邓小平、张闻天等。他所使用的主要方法就是人物及其思想的比较研究。

就邓小平与毛泽东比较而言，他认为，毛泽东和邓小平代表了历史发展的两个进程、两个阶段；他们的哲学属于同一哲学理论体系，又是两个应用发展阶段；他们的思想理论关系是继承与发展的关系。

关于周恩来思想理论的研究，石仲泉也有自己的看法。他认为：不要去构造什么思想理论体系，因为在我们国家，这不单纯是个学术问题，首先是一个政治问题。周恩来的思想理论有它的独特价值，但在总体上仍属于毛泽东思想这个科学体系之内。从横向说，他的思想与毛泽东和其他领导人有互补关系，还不能说独立于毛泽东思想之外；从纵向说，在中国共产党思想发展史上还没有构成一个特殊的发展阶段。在思想理论方面，周恩来上超不过毛泽东，下超不过邓小平。这主要不是由于他的才能的局限，而是他所处的时代和地位以及他的历史使命所致。但就他参与党中央的工作时间来说，从1927年到去世整整50年。这在党史上是空前的，也很可能是绝后的。因此，“从党史研究的角度讲，把周恩来的历史研究清楚了，也就把党史中的许多问题研究清楚了”①。这就初步解决了周恩来研究的定位问题。

至于张闻天，他认为，张闻天在延安时期就与毛泽东、刘少奇一起成了党中央的“理论三杰”，虽然当时没有这样的称呼，但事实上，他们被公认为是党的三个卓越的马克思主义理论家。张闻天既为毛泽东思想的形成和发展做出了重要贡献，也为邓小平理论的形成提供了丰富的思想资料，是邓小平理论的一个重要前驱。

对党的领袖人物及其思想的比较研究是个不可回避而又非常敏感的领域，石仲泉采用历史比较的方法不仅对毛泽东、邓小平的哲学思想有独到的看法，而且对周恩来、张闻天及其思想也作出较为客观准确的历史定位，应该说是难能可贵的。

2. 理论、事件、错误的纵向比较。在中国共产党历史上有不少理论问题至今仍众说纷纭，比如，就过渡时期总路线与新民主主义社会理论的关系而言，就有“等同论”和“对立论”两种观点。但石仲泉通过比较研究认为，两者既不等同也不对立，而是相互包容，相互区别。相互包容表现在两者的过渡性、目标任务以及向社会主义转变的方式方法都是一致的。相互区别则表现在两者的主要矛盾和任务、两者对待非社会主义经济的态度和政策以及向社会主义过渡的起点和步骤都发生了变化。这就科学地说明了两者的区别与联系。

石仲泉还擅长对党史文献、党史事件进行大跨度的比较研究。比如，他通过对江泽民的“七一讲话”与毛泽东的《新民主主义论》和邓小平的“南方谈话”的比较研究认为，江泽民的“七一讲话”在中国共产党的理论发展史上，具有同毛泽东的《新民主主义论》和邓小平的“南方

---

① 石仲泉：《我观党史》，济南出版社，2001年版，第399页。

谈话”相对应的理论地位。因为它们分别第一次系统论述了有中国特色的革命理论、有中国特色的社会主义理论和有中国特色的执政党理论。再比如，他通过对20世纪中国最大的三次思想解放运动的比较研究认为，五四新文化运动、延安整风运动和真理标准大讨论分别破除了以孔子、斯大林和毛泽东的是非为是非的真理标准观；分别为中国共产党的产生、中国革命的胜利和以改革开放和现代化建设为主要内容的第二次革命奠定了思想基础；分别为马克思主义的中国化开辟了道路创造了条件。通过这种大跨度的历史比较，一些党史文献和党史事件才更显出其应有的历史价值。

另外，他还对中共党史上的两个长时段进行历史比较，发现中国共产党在民主革命时期的历史发展曲线与在社会主义时期的历史发展曲线有着惊人的相似，比如都有过巨大成功和严重失误，都有过伟大的历史性转折和转折后的长时期辉煌。但就两个时期的失误而言，两者却不能等量齐观，它们既有相同的一面，又有不同的一面。相同的是：第一，党的领导没有经验，都是在探索中犯的错误；第二，两个时期主要都是左的错误；第三，两者错误的内涵都带有教条主义和经验主义的性质。不同的是：首先，错误的影响范围不同：前者以中华苏维埃共和国时期言，错误影响仅限于40余万平方公里；而新中国成立后作为执政党所犯的错误却带有全国性。其次，产生错误的理念不同：新中国成立前的“左”倾错误在于没有马克思主义中国化的理念；新中国成立后的错误则不然，其指导思想始终是坚持马克思主义中国化理念。再次，与苏联经验的关系不同：新中国成立前的错误是将苏联经验神圣化；新中国成立后的错误是与“以苏为鉴”有不解之缘。这种对错误的比较研究，无疑有利于党从更宏观的层面把握规律、总结经验、吸取教训。

3. 世界视野的纵横比较。石仲泉的比较研究并未局限于960万平方公里之内，而是将其纳入到国际视野，因为有些事情不借助国际视野就说不清楚。比如，对1957年以后20年的历史如何看，就存在这个问题。

如果自己跟自己比应该说成就不小，但如果跟周边国家和地区比，跟世界一些大国比，我们国家就落伍了。这里跟日本作个比较。“1955 年日本的国民收入为 219 亿美元，中国是 328 亿美元，日本比中国少 100 多亿美元。但是到 1965 年，日本国民收入就达到了 776 亿美元；中国也在发展，但只有 563 亿美元。再到 1975 年，日本达 4286 亿美元，中国只有 1016 亿美元。虽然都在发展，但快慢的差距越来越大。这是国民收入的比较。还有国内生产总值的比较。1965 年日本国内生产总值为 821 亿美元，中国为 1094 亿美元；到 1975 年日本增加到 5018 亿美元，中国则只有 2184 亿美元。”① 他列举的这些数字说明我们的发展是慢步的发展，人家的发展是快步的发展。这些数字既有纵向的绝对量比较，也有横向的相对量比较。只有做这样的比较，得出的结论才比较客观、准确，比较令人信服，才能理解小平同志讲的“停滞”和“发展缓慢”。

这里，石仲泉在用历史比较方法的同时，又用了计量史学的方法。其实，作为发展速度这一历史现象能够而且非常需要从量的角度去研究，因为这是把握这一历史事物的质的限度，没有足够的量和量的关系的史料，就无法深刻说明这一历史的本质。不过，关于中外发展速度的纵向比较的数字好找，横向比较的数字却没有现成的，就这个时段言，在此之前还没人做过这方面的工作。因此他的这项比较研究具有一定的开创性。

石仲泉运用历史比较的方法把所研究的个别事物纳入到广阔的历史背景之中，所进行的比较既有纵向也有横向，既有宏观也有微观，既有中国也有外国，尤其大跨度、长时段、大时空的比较视野，真正克服了历史研究中的狭隘性，更能揭示历史发展的个性与共性，本质和规律。但是，这种方法也有局限性。比如它只适用于一定的范围，没有可比性的事物是不能比较的。即使具有可比性的比较，也是从事物的某些侧面

① 石仲泉：《我观党史》，第 399 页。

进行的，比较得出的结论具有一定的相对性，因而不能作为对历史现象的完整解释。这是我们应该特别注意的。

（三）历史主义方法

马克思主义的历史主义认为，一切历史事物都处在某一具体的历史发展阶段上，都是特定的历史环境的产物，因而对于具体历史事物，只有从它的时代条件出发，才能够理解或认识。在对具体党史事物的理解和认识上，石仲泉也是从具体党史事物的历史条件出发，提出了“不能苛求个人，也不能苛求历史”和“看历史、写历史要有一个大时空观”的思想。

1. 看历史写历史“不能苛求个人”。以往的党史著作或党史教科书，都把大革命时期的陈独秀当成了反派人物。石仲泉认为这不符合历史实际。他认为：大革命失败，陈独秀负有主要责任，因为它是主角，但“从历史的眼光来看，不能苛责陈独秀”。首先，这是因为“党成熟是一个过程，领袖成熟也是一个过程”①。即使成熟了，以后也仍然会犯错误。其次，这是因为那时的党中央作为共产国际的一个支部，没有任何的独立性，得唯命是从。另外，当时的通讯还不现代化。决策的变化赶不上情况的变化。有些错误，不一定都要算在他一个人的账上。当然，大革命时期，陈独秀是犯有错误的，甚至是大错误，但他的错误也和毛泽东晚年的错误一样都应属于探索中的错误，我们应采取理解的态度，“不能苛求个人”。同样对于土地革命战争时期的三次“左”倾错误也应作如是观，对其代表人物瞿秋白、李立山、王明也不能说得一无是处。

另外，对于粉碎‘四人帮’后的两年徘徊期间的党和国家领导人，石仲泉也有自己的看法。他认为：当时党的主要领导人还固守着许多“左”的东西，这是不能推卸的。但是也要看到，“左”的指导思想统治

① 石仲泉：《我观党史》，第890页。

了十年，要想一下子让人们的思考转过来，确实不容易，需要有一个从一种认识转变到另一种认识的中间过渡状态。从历史上看，许多重大的转折，都有这么一个历史过渡期。因此，“有些事情，也不能苛求在这个岗位上的党和国家领导人”①。这种评价应该说是比较客观的。

对于如何正确评价犯错误的领袖人物，这是国际共运史上都没有解决好的难题。十一届六中全会通过的《关于建国以来党的若干问题的决议》对毛泽东的评价却是一成功的范例，石仲泉提出的看历史写历史“不能苛求个人”的史学观念，实际上是对《决议》评价毛泽东所依原则的理论升华和推而广之，对如何正确评价犯错误的领袖人物具有一定的普适性。

2. 看历史写历史“不能苛求历史”。在中国共产党波澜壮阔的历史上，既有凯歌高奏的辉煌时代，也有低迷无奈的艰难岁月。成功的历史都是“经验”，而曲折的经历却难免“苛求”。比如在如何看待大革命时期的历史问题上，在相当长的时期内都存有“苛求”的倾向，对党自身的状况以及中国革命的复杂性缺乏正确认识。鉴于此，石仲泉多次强调看历史写历史“不能苛求历史”的观点。他认为：党刚成立不久，就与国民党一起领导这场大革命，能搞到那个程度已经很不简单。由于主客观条件的诸多原因，遭受挫折是不可避免的。一是因为那时我们党才五六岁，要按幼年的党要求他，不要定位太高。二是因为中国革命异常复杂，不是在一个短时期就能成功的，这需要一个过程。如果要求 1927 年就应该取得 1949 年的胜利，是不符合中国革命实际的。所以，我们的态度应该是“对大革命的历史，应该按照事情的本来发展，以积极的态度总结经验教训”②。还有，改革开放以来，随着我国经济政策的不断发展和完善，尤其是将鼓励多种所有制经济共同发展作为基本国策之后，人

---

① 石仲泉：《我观党史》，第 1064 页。

② 石仲泉：《我观党史》，第 889 页。

们普遍对当年的社会主义改造的必要性产生质疑。对此石仲泉认为："历史终究发展成这样子了，就不能苛求历史，不能按照理想状态来设想历史。"并用反证法进一步说明，否定三大改造，就势必否定八大路线的道理。大家都说八大路线好，但如果没有三大改造的基本完成，八大就不可能提出把发展生产力作为今后的主要任务，还要继续搞阶级斗争。这样不仅八大路线缺乏历史前提，就连现在的"一个中心、两个基本点"的基本路线都没了基础。因此，"一定要用历史的眼光看问题，不要有'既有今日，何必当初'的想法"①。

之所以会出现"苛求"现象，原因在于没有处理好"按照历史原貌写历史"和"站在时代高度看历史"的关系。在石仲泉看来，片面强调时代高度，往往产生苛求历史的偏向。不站在时代高度看历史，对历史的认识会停留在原来的水平上。因此，只有将两者统一起来，才能对历史的原貌和历史发展的实际脉络有更清楚的理解。那么怎样才能将两者统一起来呢？石仲泉提出了"两个标准"的思想，即总结经验教训应采取理想标准，而评价历史事件则应采取及格标准。所谓及格，就是"只要对社会生产力的发展没有造成大的破坏，对社会的发展没有造成大的动乱，就应对它基本肯定"②。并强调两个标准不能互相替代，既不能用总结经验教训的标准代替及格标准，对历史人物、历史事件全盘否定，也不能用及格标准代替总结经验教训的标准，把历史事件历史人物说得百分之百的正确。否则，就是苛求历史，就是非历史主义。除了"两个标准"外，他还强调"看历史、写历史要有一个大时空观"。所谓大时空观，就是"要跳出过去的狭隘视野和思维定势，从世界的发展走向来看中国的发展、中共党史的发展"③。

在如何体现"大时空观"问题上，石仲泉强调的是"国际背景"，

---

① 石仲泉：《我观党史》，第1057页。

② 石仲泉：《"三个代表"思想：领航二十一世纪的中国》，第127～128页。

③ 石仲泉：《我观党史》，第1013页。

就是"要把国际形势、对外关系的状况和我们党对国际形势的判断以及形成的国际战略对国内重大决策的影响这两者结合起来"①。在他看来，不把国际背景写清楚，党的许多历史实践的发展和许多理论观点的演变都说不清楚。当然，这并不是说只要坚持了"两个标准"和"大时空观"就能杜绝"苛求"现象的发生，但至少可以降低"苛求"的度或减少"苛求"现象的发生。

石仲泉两个"不能苛求"以及"大时空观"的方法论思想是马克思主义的历史主义在党史写作中的具体运用，在指导《中国共产党历史》上卷的修改和中卷稿的起草过程中发挥了重要作用。同时，也对党史研究具有特别重要的指导意义。这个思想无疑应归于张静如所倡导的"中介理论"之列。

（四）跟踪研究方法

2000年5月，江泽民再次强调他在3个月前提出的"三个代表"思想的时候，石仲泉就敏锐地感觉到这是一个很重要的思想，并从2000年6月对此开始了跟踪研究，到2004年12月，他就发表了数十篇论文，出版了两本专著，对这一重要思想的时代背景、形成过程、科学内涵、精神实质、理论创新、实践意义和历史定位等问题进行了深入思考和研究，先后说了不少"新话"。

比如，"三个代表"不只是一个关于党的建设的论述，而是一个总揽全局的思想理论的观点；江泽民的"七一讲话"使"三个代表"初步地具有科学的理论形态的观点；"三个代表"思想经过了初步提出、理论建构、科学定位、理论升华和法制化提升五个阶段的观点；"三个代表"思想主要实现了对马克思主义执政党建设理论的伟大创新，同时它又是一个由治党及至治国的理论的观点；贯彻"三个代表"重要思想，

---

① 石仲泉：《我观党史》，第1053页。

最重要的是从理论创新走向实践创新的观点；尤其在历史定位方面，他对“三个代表”思想将写进十六大党章的科学预见，与十六大的认识完全吻合；他在2004年提出的“邓小平理论是中国特色社会主义理论的本原理论，‘三个代表’重要思想以及以后的新的指导思想，都可以看作中国特色社会主义理论的继续和发展”① 的观点，又与十七大提出的“中国特色社会主义理论体系”基本一致。这足以说明他的研究具有很强的前瞻性、科学性和实践性。

应该指出的是，石仲泉在跟踪研究的同时，还运用了实地调研的方法。2002年1月19日至28日，他沿着江泽民同志2000年2月19日至25日在广东视察高州、深圳、广州等地提出“三个代表”重要思想的行程路线反向地进行了十天调查，对于了解“三个代表”重要讲话发表的背景，深入研究“三个代表”思想阐述的经过，提供了不少活生生的资料。实际上，不管是历史考察还是历史追踪都离不开实地调研，离开实地调研的考察或追踪研究会难以避免地出现概念化，缺少生动性、科学性和历史感。

事实上，石仲泉是对“三个代表”思想感悟较早、研究成果最多的学者。他成功地运用了历史跟踪法，但并未从理论上对其进行概括和总结。倒是张静如教授在《读石仲泉研究“三个代表”重要思想新著》的书评中，对什么是历史跟踪研究法，作了个比较经典的解释。他说：“所谓历史跟踪研究法，就是历史过去以后，就跟踪进行研究。跟踪进行研究有两种方法，一个就是到某种纪念节日进行总结性反思的跟踪；再一个就是一个事件发生以后和一个思想提出以后就跟踪研究。”② 由此看来，跟踪研究应具备两个要素，一是即时性，二是跟踪性。就即时性而言，它相当于法国年鉴学派倡导的即时史学方法，或美国的瞬时史学

① 石仲泉：《三个代表”重要思想新论》，广东人民出版社，2004年版，第7页。
② 张静如：《既要解读“三个代表”，又要还原“三个代表”》，《党的文献》，2002年06期。

方法，就是对刚刚发生的事情所进行的历史研究，是史学对现实社会的一种回应。就跟踪性而言，它又分为由过去某个时间点向即时点的跟踪和由即时点向将来某个时间点的跟踪，前一种方法较为常用，正如张静如所说："这一历史跟踪研究法，在我们党成立以后就使用了。一些领导人在党创立后不久，就在反思党的历史，发表了论述党史的著作。"比如蔡和森的《中国共产党史的发展》、李立山的《党史报告》分别是对党成立以来五年历史、八年历史的总结和反思，即便后来的通史著作，如胡乔木的《中国共产党三十年》和胡绳主编的《中国共产党的七十年》无不如此。然而，石仲泉对"三个代表"思想的跟踪研究却属于后一种方法，这种方法多用于自然科学和可做实验的社会科学，而用在历史尤其党史研究上的并不多见。随着党的理论的不断创新，党史研究往往表现在"跟风"上，当然就党史研究的整体或党的理论的发展而言，这种"跟风"也算得上一种"跟踪"，但就党史研究的学术个体而言更多的是凑凑热闹或"打一枪换一个地方"，仅仅停留在即时层面上，很少有人像石仲泉那样对"三个代表"思想的研究能进行长时间的跟踪并取得如此多学术成果的！从这个意义上讲，石仲泉不仅为党史跟踪研究方法的丰富和发展作出了贡献，也为我们如何对党史进行真正的跟踪研究树立了楷模。

综上所述，石仲泉"走走党史"的治学理念，大跨度、长时段、大时空的比较视野，总结经验教训和评价历史事件的两个不同标准，以及由即时点向将来某个时间点的历史跟踪，无疑对党史研究中的"概念化"、狭隘性、"苛求"历史和个人，以及浮躁的"跟风"现象具有特别重要的意义。当然，学无定法，法无绝对，这也是应该注意的。[①]

---

① 压缩版原载《理论月刊》，2010 年第 02 期。

三

名著的瑕疵

学术瑕疵在早期史著中就已存在，有的至今还有所表现。其实，不管是编还是著，只要用别人的东西就必须注明出处，这是最基本的学术规范，否则就是抄袭或剽窃。

华岗是我国著名的马克思主义史学家，其代表作《中国民族解放运动史》（第一、二卷）（以下称华著）被誉为“中国近现代史的奠基之作”。然而，若将1949年由东北新华书店远东分店印行的华著，与张闻天编著、1938年初版、由中国人民大学出版社1987年再版的《中国现代革命运动史》（以下称张著）进行比较，就不难发现这部两卷本的史学名著竟有三万余字来源于张著，应该说，属于大面积雷同。当然，即便如此，也瑕不掩瑜，华著与张著同属于以马列主义观点编撰中国近现代史的开拓性著作的地位仍不可低估。不过，在学术失范日益严重的今天，对华著的雷同作一简要考析也不无一定的现实意义。

（一）雷同的主要内容

华著第三章第二节太平天国革命前的中国农民战争（73～77页1000余字）来源于张著第18－23页；第六节关于太平天国革命的性质（93～94页800余字）和太平天国的政策评价（第98页360字）分别来源于张著第34～36页和第41～42页。

第五章第三节关于戊戌变法的过程、后果及评价（139～142页约2000字）来源于张著第63～69页。

第六章第一节关于辛亥革命前帝国主义在华侵略的开始部分（159

~160页约880字）来源于张著第77~81页；第二节，在讲辛亥革命前中国资本主义发展时，所用的有关纺织工业和面粉工业发展的数字列表（165~166页）来源于张著第83~84页；第五节辛亥革命失败的四个原因和教训（187~188页约600字）来源于张著第107~108页。

第七章第二节，在讲五四运动前后中国资本主义发展时，所用的有关纺织工业和面粉工业发展的数字列表（第200页）来源于张著第118~119页。

第九章第一节关于国民党改组的背景（243~245页约800字）来源于张著第168~169页；第二节“中国国民党之史的发展及其改组经过”（247~250页约2100字）来源于张著第170~177页；第三节“孙中山三民主义的新发展”（252~256页1100字）来源于张著第179~183页；第四节“中国共产党的产生及其对于民族革命的主张和政策”（256~262页2300字）来源于张著第140~142页和第184~193页；第五节“国共作后中国民族解放运动的新趋势”（262~270页4400字）来源于张著第195~207页。

第十章第一节“五卅前夜中国经济危机与革命运动的发展”中关于经济危机与民族危机的关系（第271页230字）来源于张著第208~209页。

第十二章第一节“北伐军占领长沙武汉的战争与民众威力的表现”（331~333页1300字）来源于张著第247~253页。

第十三章第二节“第三次起义的成功”中关于起义胜利的意义、原因及缺憾（373~376页1200字）来源于张著第265~268页；第三节帝国主义的新阴谋与南京屠杀（376~379页1700字）来源于张著第268~273页；第四节“四一二”政变的教训（381~385页2000字）来源于张著第277~282页。

第十四章第三节“国共两党关系的演变与分裂”（404~405页800字）来源于张著第293~295页；第四节“南昌起义与八七会议”（405~

406 页 900 字）来源于张著第 296 ~ 298 页。

第十五章第二节“广州起义的决定和准备”（422 ~ 425 页 1500 字）来源于张著第 322 ~ 326 页。

第十六章第二节“中国大革命中各种社会动力的作用及演变”中对工人阶级、民族资产阶级、买办资产阶级的分析（444 ~ 446 页 700 字）来源于张著第 337 ~ 343 页；第三节“中国大革命失败的原因和意义”（452 ~ 455 页的原因 1400 字和 455 ~ 456 页意义 580 字）分别来源于张著第 343 ~ 347 页和第 335 ~ 337 页；第四节“中国大革命的历史教训（458 ~ 460 页 1400 字）来源于张著第 347 ~ 353 页。

上述内容所包含的的主要观点有：太平天国不简单是和过去一样的农民战争，而正是近代资产阶级性民主革命序幕的农民战争的观点；戊戌政变的失败，证明用改良主义的方法，自上而下来改造中国，使中国走上资本主义的道路是不可能的观点；辛亥革命是中国第一次的资产阶级民主革命，它推翻了代表数千年来专制皇帝制度和代表国内牢狱的清政府，对于中国后来历史的发展，甚至对于世界一般文明历史，都有很大意义的观点；五四运动是反帝反封建的民族民主的群众革命运动，要算是当时行将到来的中国大革命之序幕的观点；随着中国无产阶级之产生，壮大与觉悟程度之提高，中国共产党也就产生的观点；在中国，经济危机与民族危机正表现了特殊的联接，这种经济危机的特殊形态，特别是表现于工业发展的停滞状态，而于 1925 年初尤为严重，从而导致五卅运动爆发的观点；“四一二”惨变，说明民族资产阶级退出了革命，中国大革命便进入了另一个新的阶段的观点；南昌起义失败的原因，在客观上是敌人的力量过于强大，在主观上是指导者还犯了机会主义的错误的观点；广州公社的出现，开始了中国革命苏维埃的旗帜，在中国民族解放运动上有着重大意义的观点；大革命的性质是反帝反封建的资产阶级性的民主革命，它是以后胜利的中国革命的总演习，不仅在中国革命史上占着最重要的一页，而且在东方民族解放运动中起了领导作用的观点等。

（二）雷同的主要形式

一是原文照搬。比如，华著第十四章第四节关于南昌起义失败的原因分析（第406页340字）与张书（第297~298页）的相关内容完全相同。“南昌起义失败的原因，在客观上是敌人的力量过于强大，在主观上是指导者还犯了机会主义的错误：……。然而南昌起义……在中国革命史上留下了光荣的一页。”

二是增减字词。比如，华著第三章第六节“太平天国的制度和政策”关于太平天国革命的性质（93~94页800余字）和太平天国的政策评价（第98页360字）的内容，也与张书第一讲第五部分“太平天国的制度与政策”（34~36，41~42页）的相关内容完全相同，只在“奉天讨胡檄”上漏掉一个符号“《》”并在政策评价上增减了几个字：“这种思想在太平天国人物主观上是乌托邦主义，但客观上却正是要求民族资本主义广大的发展，在这一思想的里面是包含着没收地主土地，肃清封建势力的内容，因而有可能（经过广大的农民战争）在客观上替资本主义发展的趋势肃清道路。”（下划线的为增加的字词，括弧里的为减少的字词）

三是修改句子。比如，华著第九章第四节关于中国共产党产生的250多字的论述中，仅仅修改了一个句子和几个标点。将“……俄国十月革命胜利于共产国际创立后，在共产国际的积极帮助下，推动着中国无产阶级政党的建立。”改为“……俄国十月革命胜利于共产国际创立，因而也推动着中国无产阶级政党的产生。”修改后使句子更加通顺。

四是充实内容。比如，华著第十章第一节“五卅前夜，中国经济危机与革命运动的发展”中关于经济危机与民族危机的特殊连接的内容（第271页230字）与张著第208~209页的相关内容基本一致，不同的是加了一个句子，即“这所谓危机，当然不是说中国民族经济的完全停顿，而是工业化速度的停滞；在纺织业上，在煤铁矿上，都同样表现着生产速度的停滞、衰微与凋落。”从而对经济危机作了些补充说明。

五是穿靴戴帽。比如，华著第九章第五节“国共合作后中国民族解放运动的新趋势”（262～270页4400字与张著195～207页）的相关内容基本相同，只是加了个开头“国共两党的情况，对于中国民族解放运动的发展，可以起决定的作用。……”和结尾“中山先生这一遗嘱……成为中国革命运动前进之指针。……至此广东全境的反动军阀始被削减，全粤统一于广东革命政府统治之下。”

以上这些雷同不管采取什么形式，应该说均属低级抄袭。所谓低级抄袭，就是原封不动或基本原封不动地复制他人作品占为己有的行为。

（三）雷同的主要原因

笔者认为，造成这种现象的客观原因在于当时的参考资料确实困乏，对学术规范的要求也普遍不高。而主观原因却在于作者缺乏著作权意识和对编著的误解。加之张闻天雷同在先，他的《中国革命基本问题》一文的有些表述就来源于华岗的《中国大革命史》，比如“由于帝国主义妨碍中国工业的发展，与中国农业对于世界市场的依赖，使各方面积累起来的资本（工业积累起来的民族资本也在内）不用来提高农村生产技术，不投到工业中去，反而再投到土地和高利贷方面，用封建的形式来加重剥削农民。这种情形对于农民上层分子的资本主义的发展，也造成了极大的障碍。因此农村的资产阶级（富农）一方面实行雇佣工人（雇农），别方面仍就要出租土地，而且还要经营商业和高利贷。”（见《中共党史报告选编》，中共中央党校出版社，1982年版，第376～377页）这段文字就显然来源于华文“因为帝国主义妨碍中国民族工业的发展，使农村中的资本积累，不用来提高农村的生产技术，不投到工业里去，反而再投到土地和高利贷方面来，更加重的用半封建的形式剥削农民。”“对于农民上层分子的资本主义的发展，造成极大的困难。因此农村资产阶级（富农）一方面实行雇佣工人（雇农），别方面仍旧要出租田地，而且还要经营商业和高利贷盘剥。”（见《中国大革命史》，文史资料出版社，1982年版，第34、36页）这些雷同的文字从数量上看可以说是微不足道的，但却造成华岗大面积雷同，而张闻天又不便追究的后果。

其实，学术出版物不管是编还是著，只要用别人的东西就必须注明出处，否则就是抄袭或剽窃。同样，使用统计资料也要注明出处，这是最基本的学术规范。因为引用统计资料是历史解释的一个重要方法，如果资料来源不详无疑会使解释的效果大打折扣。然而，不遵守学术规范的现象不独表现在早期史著中，即便现在的历史著述在这方面也有一定的欠缺。比如中央文献出版社2006年出版的《中国共产党史稿》（第一卷）第123页，就五四运动的经济背景所列举的1915年和1922年中国纺织业在纺锭和布机方面发展的数据，与张闻天在《中国现代革命运动史》第118~119页所列的相关数据完全一致，而唯独纺织厂的数据有所不同，前者为15，后者为22（该数据已被1981年人民出版社出版的《从鸦片战争到五四运动》第948页的注释所印证）。再比如，两书所列举的关于1914、1915和1918这三年面粉的入出超数据也有很大出入。在都没有注明出处的情况下，这些数据到底以哪个为准就不能不是个问题。这说明学术瑕疵在早期史著中就业已存在，有的至今还有所表现。可见，严格学术规范依然任重道远。①

① 压缩版载《首都经济贸易大学报》，2011-11-15。

第五章

史学理论基础论

一

马克思恩格斯关于历史内涵的经济解释

马克思恩格斯在其不同的著作中，从不同角度给历史下过不同的定义。这些定义分别从劳动、物质生产、交往形式、生产力与交往形式、市民社会与上层建筑、阶级斗争以及历史合力等不同方面对历史内涵作出了经济解释，不仅分别回答了历史的发源地、历史的内容、历史的本质、历史的动力、历史的形态、历史的过程等一系列基本问题，而且也从整体上清晰地勾勒出唯物史观从创立、形成到成熟的历史进程。

历史是什么？什么是历史？不同的人有不同的回答。马克思恩格斯在其不同的著作中从不同的角度也给历史下了不同的定义。这些定义尽管各有侧重，但其基本内涵的解释都离不开经济。

（一）历史不外是人通过人的劳动而诞生的过程

马克思在《1844年经济学哲学手稿》（以下简称《手稿》）中，指出："整个所谓世界历史不外是人通过人的劳动而诞生的过程，是自然界对人来说的生成过程。"①

这个定义有两个关键词，一个是"人"，一个是"劳动"。而"人"又有两个不同意义上的人，前一个"人"是理想的人、彻底解放的人、扬弃异化的人，后一个"人"是现实的人、不自由的人、异化的人。而劳动也包含两层意思，一是异化的劳动，一是扬弃异化的劳动。所谓异

① 《马克思恩格斯文集》第1卷，人民出版社，2009年版，第194页。

化劳动就是，劳动者越是劳动就越是受自己劳动产品的支配和奴役，它具体表现在劳动产品同劳动者之间的异化、劳动本身与劳动者的异化、人的“类本质”与人的异化和人与人之间相互关系的异化四个方面。鉴于人的本质是自由自觉的劳动，所以只有扬弃异化劳动人才能重新占有自己的本质，真正意义上的人才会诞生。由此可见，这个定义可理解为，整个人类历史是在劳动基础上产生的，通过劳动的异化、人的异化而发展，然后又通过扬弃异化而达到人类自我解放的历史。

马克思的异化劳动理论把人的理想本质即自由自觉的劳动视作历史的起点，把私有制社会看作人本质的异化，把共产主义社会看作扬弃私有制即扬弃异化的人的本质的复归，就是说，整个历史就是异化和复归的历史。这种异化和复归的历史观，其思想渊源显然来自黑格尔的“绝对观念的自我异化”和费尔巴哈的“上帝是人的本质的异化”的异化理论，但在以下几方面又有所突破并含有唯物史观的因素。

首先，凸现了人与自然的关系。异化的主体不是“自我意识”，也不是“自然人”，而是从事物质生产活动的现实的人，而人的存在离不开自然界。因为人靠自然界生活，自然界作为人的直接的生活资料，同时也作为人的生命活动的对象和工具，所以从某种意义上说，自然界变成了人的无机的身体。人类历史，无非是人改造自然、占有自然的过程，是自然成为人的自然的过程。当然，通过劳动而“诞生”的“人”还只是应然意义上的人、抽象的人，但其对人的全面发展和彻底解放的目标追求应是值得肯定的。

其次，从劳动出发来建构人本异化史观。费尔巴哈发现了人而不懂劳动；黑格尔把劳动看作人的本质，但把劳动仅仅理解为抽象的精神劳动。所谓劳动，就是人改造自然，同时也改造自身的活动。劳动创造了人，劳动是人的本质属性。“劳动是人在外化范围之内的或者作为外化的人的自为的生成。”这就是说，劳动是人的生命活动的外在表现。人离不开劳动，离开劳动，人就失去了存在的条件。而劳动又离不开自然界，离开自然界，劳动就无法实现，劳动的对象化也就无从谈起。因而只有通过劳动，人与自然界的交互作用即人的产生和人化的自然界的生成才有可能实现。劳动是人与自然统一的真正基础，人类历史是人通过劳动成为人的历史，即异化劳动及其扬弃的历史。当然，扬弃异化的劳动是作为人的本质的、脱离生产关系制约的劳动，还不具有质的规定性，还不是现实的劳动，但马克思毕竟把现实的异化劳动和历史结合在一起，得出人类历史就是人通过人的劳动而创造的结论。

总之，这个定义尽管带有明显的异化理论和人本主义色彩，但它却把人类历史放在了劳动的基点上，把人的实现作为历史的最高诉求，开始找到通往唯物史观的道路。

（二）历史不过是追求着自己目的的人的活动而已

马克思恩格斯合著的《神圣家族》，针对鲍威尔关于社会动力来自于人格化的历史本身的观点指出："历史不过是追求着自己目的的人的活动而已。"① 相对于《手稿》中"历史不外是人通过人的劳动而诞生的过程"而言，这个定义有所前进，这主要表现在以下几个方面：

一是不再把历史界定为理想的人的诞生过程，而是界定为现实的人的活动。历史和人都不再那么抽象而是更加现实和具体，这就更接近历史的本质，也说明马克思的史观已开始转向，即由异化史观开始转向唯物史观。

二是强调人是历史的创造者而不是历史的手段。人的活动带有目的性，而由人的活动构成的历史本身并无目的性，历史不可能把人当作手段达到自己的目的，因为历史什么事情也没做，正是人，现实的、活生生的人在战斗，在创造和拥有这一切。历史与自然史的最大不同就在于前者是有自我意识的机体的发展过程，在社会历史领域内"任何事情的

① 《马克思恩格斯文集》，第1卷，人民出版社，2009年版，第295页。

发生都不是没有自觉的意图，没有预期的目的的”。而在自然界中“没有任何事情是作为预期的自觉的目的发生的”①。当然，这种自我意识的机体就是人，这种任何事情发生的目的性就是人的目的性，尽管表面上看，历史是具有特殊目的的特殊人物，“好像后期历史是前期历史的目的，例如，好像美洲的发现的根本目的就是要促使法国大革命的爆发”。其实，这是一种假象。所谓“前期历史的‘使命’、‘目的’、‘萌芽’、‘观念’等词所表示的东西，终究不过是从后期历史中得出的抽象，不过是从前期历史对后期历史发生的积极影响中得出的抽象”②。

三是把作为人的活动或劳动的主要方面的物质生产作为历史的发源地。《手稿》将历史界定为“人通过人的劳动而诞生的过程”，强调历史是人通过对异化劳动的积极扬弃而不断向自身人性复归的过程；并认为实现人的复归的道路就是共产主义。共产主义就是消灭私有制，即对私有财产的扬弃。那么怎样消灭私有制或者说扬弃私有财产呢？马克思的回答是劳动，但对怎么劳动并没有做出具体回答，只是简单地把劳动等同于活动，认为“全部人的活动迄今为止都是劳动”③。其实这是不准确的，人的活动包括劳动，但劳动并不等于人的全部活动，除劳动外，人的活动至少还包括其他的经济活动、政治活动和文化活动，也就是说《手稿》中的劳动还仅停留在抽象的宽泛的层面上。只是到了《神圣家族》，马克思恩格斯才将“劳动”置换为“活动”，将人类的最主要活动“物质生产”引入自己的历史观，并明确指出：历史同自然科学和工业不能分开，历史的发源地不是在天上的云雾中（纯粹精神领域），而是在尘世的物质生产中。这就把史观真真切切地建立在物质生产的基础之上，从而为消灭私有制，实现人的复归和彻底解放找到了具体途径。

---

① 《马克思恩格斯文集》，第4卷，人民出版社，2009年版，第302页。
② 《马克思恩格斯文集》，第1卷，人民出版社，2009年版，第540页。
③ 《马克思恩格斯文集》，第1卷，人民出版社，2009年版，第193页。

（三）历史不外是各个世代的依次交替

马克思恩格斯在《德意志意识形态》中指出："市民社会是全部历史的真正发源地和舞台。""历史不外是各个世代的依次交替。"① 由此看出，马克思恩格斯并不满足于把"物质生产"当作历史的发源地，把历史归结为"追求着自己目的的人的活动"。

他们对"物质生产"和"人的活动"进行了更加深入的思考。在他们看来，尽管第一个历史活动就是生产物质生活本身，但生产本身又是以个人彼此之间的交往为前提的，这种交往的形式又是由生产决定的。而受到迄今为止一切历史阶段的生产力制约同时又反过来制约生产力的交往形式，就是市民社会。"市民社会这一名称始终标志着直接从生产和交往中发展起来的社会组织，这种社会组织在一切时代都构成国家的基础以及任何其他观念的上层建筑的基础。"② 由此看来，市民社会即交往形式相对物质生产更能体现历史的本质，因为离开人与自然的交往，离开人与人、人与社会的交往形式即市民社会，不仅物质生产是不可想象的，就连上层建筑也失去了存在的基础。因此说："市民社会是全部历史的真正发源地和舞台。""这种历史观就在于：从直接生活的物质生产出发阐述现实的生产过程，把同这种生产方式相联系的、它所产生的交往形式即各个不同阶段上的市民社会理解为整个历史的基础。"③

另外，不同的交往形式代表着不同的历史阶段，而这种不同的历史阶段是依次交替不断发展的。因为每一代一方面在完全改变了的环境下继续从事所继承的活动，另一方面又通过完全改变了的活动来变更旧的环境。这种活动的不断发展变化又导致了交往形式的不断发展变化，而每一种交往形式又标志着人类历史发展中的一个特殊阶段，由于这一简

---

① 《马克思恩格斯文集》，第1卷，人民出版社，2009年版，第540页。
② 《马克思恩格斯文集》，第1卷，人民出版社，2009年版，第583页。
③ 《马克思恩格斯文集》，第1卷，人民出版社，2009年版，第544页。

单的事实，就形成人们的历史中的联系，就形成人类的历史。因而马克思恩格斯给历史下了一个更为明确的定义：“历史不外是各个时代的依次交替。”

那么，究竟什么力量推动着“各个时代的依次交替”呢？马克思恩格斯并没有回避这个问题，他们说：“按照我们的观点，一切历史冲突都根源于生产力和交往形式之间的矛盾。”① 具体而言就是“已成为桎梏的旧交往形式被适应于比较发达的生产力，因而也适应于进步的个人自主活动方式的新交往形式所代替；新的交往形式又会成为桎梏，然后又为另一种交往形式所代替。”② 就是说，历史发展的动力，并不在于历史之外或历史之上的东西，而在历史之中，在于构成历史发展的基础和内容的生产力与交往形式之间的矛盾运动。从某种意义上说，这个定义是唯物史观诞生的重要标识，因为它不仅抓住了历史的本质，而且找到了历史发展的根本动力。

（四）历史无非是人类本性的不断改变而已

相对于上述三个历史定义，马克思在《哲学的贫困》中所说的“整个历史也无非是人类本性的不断改变而已”③，确实不好理解。表面上看，好像马克思的历史观发生了逆转走向了自己的反面。其实就这句话的具体语境来看，马克思并未把人类本性看作历史的本质，而是针对蒲鲁东将“竞争”作为“人类灵魂的某种必然要求”，作为人类“命运的法规”和不可改变的“本性”所作的反驳。意思是说，蒲鲁东不懂得竞争作为一种社会关系，是受生产力制约的，有什么样的生产力就有什么样的社会关系相适应，随着生产力的不断发展，社会关系也在发生不断的改变。正像马克思所说的那样：“经济学家蒲鲁东先生非常明白，人

① 《马克思恩格斯文集》，第1卷，人民出版社，2009年版，第567~568页。

② 《马克思恩格斯文集》，第1卷，人民出版社，2009年版，第575~576页。

③ 《马克思恩格斯文集》，第1卷，人民出版社，2009年版，第632页。

们是在一定的生产关系中制造呢绒、麻布和丝织品的。但是他不明白，这些一定的社会关系同麻布、亚麻等一样，也是人们生产出来的。社会关系和生产力密切相联。随着新生产力的获得，人们改变自己的生产方式，随着生产方式即谋生的方式的改变，人们也就会改变自己的一切社会关系。手推磨产生的是封建主的社会，蒸气磨产生的是工业资本家的社会。"① 按照马克思交往形式构成上层建筑基础的观点来看，即便是作为观念的竞争意识，也是一定的生产力和社会关系创造出来的，同竞争所表现的关系一样，也不是永恒的，而是历史的、暂时的产物。

由此可见，历史是"人类本性的不断改变"和历史是"各个时代的依次交替"相比，尽管两者的表述形式不同，但其基本内涵是一致的。"人类本性"的不断改变就是以"竞争"为代表的"社会关系"的不断改变，"各个世代"的依次交替就是"交往形式"即"市民社会"的依次交替，而不管是"交往形式"、"市民社会"还是"社会关系"都已接近了决定历史本质的"生产关系"，尤其"社会关系"更是如此。因为马克思借用蒲鲁东的"人类本性"寓意的"社会关系"中最基本的关系就是生产关系，不同的生产关系决定不同的社会性质，而历史不过是社会延续发展的过程，所以生产关系也决定历史的本质。这一点，马克思在他随后的著作《雇佣劳动与资本》中讲得更清楚，他说："各个人借以进行生产的社会关系，即社会生产关系，是随着物质生产资料、生产力的变化和发展而变化和改变的。生产关系总和起来就构成为所谓社会关系，构成所谓社会，并且是构成一个处于一定历史发展阶段上的社会，具有独特的特征的社会。古典古代社会、封建社会和资产阶级社会都是这样的生产关系的总和，而其中每一个生产关系的总和同时又标志着人类历史发展中的一个特殊阶段。"②

① 《马克思恩格斯文集》，第1卷，人民出版社，2009年版，第602页。

② 《马克思恩格斯文集》，第1卷，人民出版社，2009年版，第724页。

显然，马克思在这里既提出了“生产关系总和”的概念，又将其作为“社会关系”和“社会”的构成，作为“人类历史发展中的一个特殊阶段”的标志。这不仅从逻辑上论证了人类社会的历史就是社会生产关系运动的历史，而且将历史本质的认识又向前推进了一步。

（五）历史，原始状态除外，都是阶级斗争的历史

马克思恩格斯在1848年出版的《共产党宣言》中开宗明义地指出：“至今一切社会的历史都是阶级斗争的历史。”① 当然，这里的“历史”没有上限是不准确的，因为原始状态的社会阶级还没有产生，就不可能有阶级斗争。但这不能怪马克思恩格斯，因为在他们写作《共产党宣言》的时候，人们对史前史、成文史以前的社会组织的了解还几乎是零。后来，恩格斯及时吸收了摩尔根等人的相关研究成果，才在他1880年发表的《社会主义从空想到科学的发展》一书中将“至今一切社会的历史都是阶级斗争的历史。”修改为：“以往的全部历史，除原始状态外，都是阶级斗争的历史。”② 从而使这一论断的表述更加严谨。

所谓阶级斗争，用恩格斯的话说就是“剥削阶级和被剥削阶级之间、统治阶级和被压迫阶级之间斗争”③。这些阶级的产生，是生产不大发展的必然结果。当实际劳动人口没有多余的时间来从事社会的公共事务的时候，必然有一个特殊阶级来从事这些事务，而这个阶级为了自己的利益，永远不会错过机会把愈来愈沉重的劳动负担加到劳动群众的肩上，劳动群众为维护自己的起码生存条件被迫起来进行斗争。所以到目前为止的一切阶级斗争都可以从人的劳动的这种相对不发达的生产率中得到说明。当然，阶级及其斗争的产生根源也说明，阶级是个历史范畴，阶级斗争并不是永恒的。正像马克思所强调的那样：“阶级的存在仅仅

① 《马克思恩格斯文集》，第2卷，人民出版社，2009年版，第31页。
② 《马克思恩格斯文集》，第3卷，人民出版社，2009年版，第544页。
③ 《马克思恩格斯文集》，第2卷，人民出版社，2009年版，第14页。

同生产发展的一定历史阶段相联系。”① 随着生产力的高度发展，当任何统治阶级和剥削阶级成为多余且阻碍社会发展时，阶级的消灭和阶级的产生一样不可避免，阶级斗争也将不复存在。

马克思恩格斯之所以将阶级斗争提到历史观的高度，原因在于自有阶级以来的社会形态的演进都是通过阶级斗争实现的，如新兴地主阶级对奴隶主阶级斗争的胜利使奴隶社会转变为封建社会，新兴资产阶级对封建统治阶级斗争的胜利使封建社会又被资本主义社会所取代。当然，这些斗争的胜利、社会形态的演变又都以每个社会中剥削阶级和被剥削阶级之间的常态斗争为基础。正如恩格斯在《国际社会主义和意大利社会主义》中所说：“自从原始公社解体以来，组成为每个社会的各阶级之间的斗争，总是历史发展的伟大动力。”②

应该指出的是，这里的“历史发展的伟大动力”仅仅是他与马克思共同确认的“历史的直接动力”③ 的泛指，而只有生产力与生产关系的矛盾才是历史发展的根本动力。因为无论生产力还是生产关系都离不开人，生产力和生产关系的矛盾就必然通过人与人的关系表现出来，而在阶级社会中这种矛盾也就必然表现为各种形式的阶级斗争。正如马克思恩格斯所说：“生产力和交往形式之间的这种矛盾，每一次都不免爆发为革命，同时也采取各种附带形式，如冲突的总和，不同阶级之间的冲突，意识的矛盾，思想斗争，政治斗争，等等。”④

可见，马克思恩格斯不仅找到了社会历史发展的根本动力，即生产力和生产关系的矛盾，而且进一步找到了历史发展的直接动力，即生产力和生产关系矛盾得以解决的具体形式——阶级斗争。因为无论怎样腐朽落后的生产关系都不会自动退出历史舞台，在阶级社会中，离开阶级

① 《马克思恩格斯文集》，第10卷，人民出版社，2009年版，第106页。
② 《马克思恩格斯全集》，第22卷，三联书店出版社，1965年版，第560页。
③ 《马克思恩格斯文集》，第3卷，人民出版社，2009年版，第484页。
④ 《马克思恩格斯文集》，第1卷，人民出版社，2009年版，第567页。

斗争，历史就无法前进。这个定义尽管表面上看归纳的历史并不包括原始社会和共产主义社会，表达的历史观也不是完全意义上的历史观，甚至能不能完全适用于社会主义社会还值得进一步研究，但它对阶级社会历史运动规律的深刻认识及其在世界无产阶级革命历史上发挥的伟大作用确是不容置疑的。

（六）历史是许多愿望及其各种各样作用的合力

如维科所言，人类史同自然史的区别在于，人类史是人们自己创造的，而自然史不是人们自己创造的。那么人们究竟怎样创造了历史呢？1888 年恩格斯在《路德维希．费尔巴哈和德国古典哲学的终结》中给了明确的回答："无论历史的结局如何，人们总是通过每一个人追求他自己的、自觉期望的目的来创造他们的历史，而这许多按不同方向活动的愿望及其对外部世界的各种各样作用的合力，就是历史。"① 简言之，就是人们通过"合力"来创造历史。

"合力"本来是物理学中的一个力学概念，即指若干个力同时作用于一个物体所产生的效果与另外一个力单独作用时相同，这个力就是它们的合力。恩格斯借用这一力学概念来说明历史的形成和发展并不是由某种单一的哪怕是最重要的因素所能决定的，而是多种因素相互作用的结果，这多种因素是不是仅只许多人的愿望及其对外界的作用呢？当然不是。1890 年恩格斯在《致约瑟夫·布洛赫》的信中对这个问题做出了经典阐释，他说：我们创造我们的历史，是在十分确定的前提和条件下创造的。"其中经济的前提和条件归根到底是决定性的。但是政治等等的前提和条件，甚至那些萦回于人们头脑中的传统，也起着一定的作用，虽然不是决定性的作用。"② 他又在 1894 年给瓦·博尔吉乌斯的信中进

① 《马克思恩格斯文集》，第 4 卷，人民出版社，2009 年版，第 302 页。
② 《马克思恩格斯文集》，第 10 卷，人民出版社，2009 年版，第 592 页。

一步指出："政治、法、哲学、宗教、文学、艺术等等的发展是以经济发展为基础的。但是，它们又都相互作用并对经济基础发生作用。"① 可见，形成合力的因素除人的意志外，还包括经济、政治、思想、文化、宗教、传统等多种因素，其中经济是最根本的因素。那么，这多种因素又是怎样相互作用的呢？

恩格斯是这样描述的：历史"最终的结果总是从许多单个的意志的相互冲突中产生出来的，而其中每一个意志，又是由于许多特殊的生活条件，才成为它所成为的那样。这样就有无数互相交错的力量，有无数个力的平行四边形，由此就产生出一个合力，即历史结果。"② 这里，他借用力学中的平行四边形法则来说明：多种因素的相互作用，是通过许多单个人的意志的相互冲突表现出来的，并指出这种冲突的根源在于单个意志产生的经济条件和所表达的经济诉求不同，从而把一个复杂的历史合力轮廓清晰地勾画出来了。当然，这种合力并不是各种意志力量的简单相加，而是受内在规律支配的"作为整体的、不自觉地和不自主地起着作用的力量的产物"，是谁都没有希望过的事物，是多种意志力相互融汇、冲突、牵制、抵消和补充的综合结果。从这个意义上讲，"历史总是像一种自然过程"。尽管其中的每个人的意志都未能如愿，但都对合力有所贡献，都参与了历史的创造。

应该说，恩格斯的这个历史定义有着深刻的内涵，并不像字面上那么简单。它所蕴含的理论不仅阐明了历史过程的实现机制，理清了历史与个人、经济基础与上层建筑、历史必然性与偶然性的辩证关系，而且深化了历史的根本动力和直接动力理论，并从"合力"的角度论证了马克思关于"把经济的社会形态的发展理解为一种自然史的过程"③ 的观点，从而将历史内涵的经济解释推向了一个新的高度，同时也是对唯物

① 《马克思恩格斯文集》，第10卷，人民出版社，2009年版，第668页。

② 《马克思恩格斯文集》，第10卷，人民出版社，2009年版，第592页。

③ 《马克思恩格斯文集》，第5卷，人民出版社，2009年版，第10页。

史观的进一步丰富和发展。

综上所述，马克思恩格斯的六个历史定义，虽不乏晦涩，甚至有的表面上还相互抵牾，但其基本内涵的解释却都立足于经济。譬如“劳动”和“人的活动”主要是指物质生产，当然属于经济的范畴；譬如“各个世代的依次交替”和“人类本性的不断改变”分别代表的“交往形式”和“社会关系”，也主要指的是经济关系；譬如“阶级斗争”根源于生产力和交往形式之间的矛盾，但其必然性存在于经济事实之中；再譬如“历史合力”中的各个意志“归根到底”体现的却是“经济的情况”。可以说，马克思恩格斯的这些历史定义分别是从劳动、物质生产、交往形式、生产力与交往形式、市民社会与上层建筑、阶级斗争以及历史合力等不同方面对历史内涵所作的经济解释，不仅回答了历史的内容、历史的本质、历史的发源地、历史的动力、历史的形态、历史的过程等一系列基本问题，而且清晰地勾勒出唯物史观从创立、形成到成熟的历史进程。①

① 原载《湖北社会科学》，2012 年第 03 期。

二

新中国成立前早期中共党史经济解释的考察

在新中国成立前，早期中共党史的经济解释，均以帝国主义对中国的侵略为逻辑起点，以马克思主义唯物史观为理论基础，由点到面逐步拓展，并呈不断深化的态势，即从具体的经济数字列举，到较为抽象的经济理论分析，再到生产力与生产关系的矛盾分析的不断提升。同时，经济解释并未把经济因素绝对化，而是辅之以政治、文化、社会甚至国际的前提和条件。另外，早期中共党史的经济解释本身，也难以避免地存有一定的片面性和学术失范等历史局限。

史学离不开解释，解释离不开理论，中共党史学属于史学学科，当然也不例外，尤其对中共党史的经济解释，更是如此。自中共党史学产生以来，经济解释就作为一种最基本的理论与方法，被广泛运用，然而，对此有关的研究还几乎是个空白。本文运用文本研究的方法，拟就新中国成立前早期中共党史的经济解释作一初步的历史考察。所谓早期中共党史，是指党的创建和第一次国内革命战争时期的党史。

（一）早期中共党史经济解释的端绪

如果说对达尔文进化史观的引进，是20世纪中国史学的显著标志，那么对马克思主义唯物史观的学习和运用，就是20世纪中国史学的伟大进步。所谓“唯物史观”，在恩格斯看来，就是“以一定历史时期的物质经济生活条件来说明一切历史事件和观念、一切政治、哲学和宗教的”，就是“一切社会变迁和政治变革的终极原因，……应当在生产方式和交换方式的变更中去寻找；……应当到有关时代的经济中去寻找”①。可以看出，以物质经济条件解释历史，寻找一切社会变迁和政治变革的终极原因，是唯物史观的精髓所在。对此，中国的早期马克思主义者也都有大致相同的表述。比如，李大钊、李达、李汉俊、瞿秋白、恽代英就分别将唯物史观理解为：“唯物史观的要领，在认经济的构造对于其他社会学上的现象，是最重要的”②；“经济的条件是历史的进化底根本动力”③；“一切生产关系财产关系，是社会制度的基础”④；“社会变异的根本原因必定是生产力之发展”⑤；“一切社会变迁演化之根本的原则，乃是由于人类生活上物质的经济条件之无机而又有序的偶然变化之推移”⑥；“经济是决定人类行为的最重要的原因，所以我们便是为国民革命，亦必须由经济争斗以引导一般人到政治争斗上面”⑦。这说明中国早期马克思主义者不仅将经济条件作为唯物史观的精髓加以理解和把握，而且已开始将其用来思考国民革命了，同时，也说明经济解释作为一种方法已具备了初步的理论基础和现实条件。

在中国，李大钊较早地将唯物史观的经济解释运用于中国史学。他认为，从经济现象去研究历史、说明历史，是唯物史观的核心，并在1919年底和1920年初，先后发表了《物质变动与道德变动》、《由经济上解释中国近代思想变动的原因》两篇论文，科学地阐明了道德、思想变动的深层原因，从而为中国的马克思主义史学奠定了基础。不过，将经济解释运用于中共党史学的，应首推张太雷、周恩来、陈公博。他们都从不同侧面，对共产主义运动在中国的兴起作了经济上的解释。

---

① 《马克思恩格斯选集》，第3卷，人民出版社，1995年版，第209、741页。
② 《李大钊文集》，第3卷，人民出版社，1999年版，第21页。
③ 《李达文集》，第1卷，人民出版社，1980年版，第30页。
④ 李汉俊：《唯物史观不是什么?》，《民国日报》副刊《觉悟》，1922年1月23日。
⑤ 《瞿秋白文集》，重庆出版社，1995年版，第910页。
⑥ 恽代英：《唯物史观与国民革命》，《中国青年》，1925年第95期。
⑦ 恽代英：《与李琯卿君论新国家主义》，《中国青年》，1925年第73期。

张太雷在《致共产国际第三次代表大会的书面报告》中认为：在中国发展资本主义制度，只不过是一种幻想。“要振兴国家经济，要使中国人民摆脱外国的剥削，唯一的办法是建立共产主义制度。”① 因为中国的关税政策完全由外国列强控制着，中国的工业经不起资本主义工业的竞争。此外，中国的富豪不愿意向工业投资，因此获得资本的唯一可能性，是资本输入。周恩来却以专论的形式，在《共产主义与中国——从经济现状上立论》一文中，通过对接受外资不忍为，国内投资不得为的经济情势的分析，指出：“只要以资本主义的方法来开发中国实业，其同一结果总是压迫贫民阶级使之成为纯粹的无产阶级，困苦颠连，以至历劫难复。”“共产主义在全世界，尤其是在中国，实负有变更经济制度的伟大使命。”并得出“中国现在的经济情势，除去努力预备革命，实行共产革命外，是无法可解”的结论。② 陈公博在他的《共产主义运动在中国》的硕士论文中，开宗明义的写道：“为了使这片专题论文成为一个彻底的、从逻辑上讲是完整的东西。我愿就中国共产主义的发展成长赖以建立的经济力量作一梗概说明。”③ 他从中国政府清偿外国贷款本息的唯一办法就是向人民征税，到外国涌进的廉价商品的盘剥和本国资本家的剥削使中国人民更加濒于绝境，再到辛亥革命并没有使他们的境况好转反而比以前更糟三个方面，论证了共产主义运动在中国发生发展的经济根源。

由上可见，中共党史学的产生虽然远远地晚于一般的中国史学，但它起点高，一开始就受唯物史观的影响，从经济上立论，对中国共产主义运动的产生作了些初步说明。之所以如此，就在于最早期的中国共产主义运动的研究者如李大钊、张太雷、周恩来恰恰是中国最早期的马克

① 《张太雷文集（续）》，江苏人民出版社，1992 年版，第 9 页。

② 周恩来：《共产主义与中国——从经济上立论》，中共党史参考资料（一），人民出版社，1979 年版，第 356～361 页。

③ 陈公博：《共产主义运动在中国》，中国社会科学出版社，1982 年版，第 80 页。

思主义的追求者、宣传家、实践家，即便是陈公博后来背叛了中国共产党，但他的思想并未立即背叛唯物史观，仍用经济的观点，写出了最早的中共党史学论文。正如韦慕庭在绪言中所说的那样：“陈公博在写这篇论文时扮演着一个历史学家的角色，他在中国政治生活中的地位暂时多少有点独立。他已经离开了共产主义运动，但还未参加国民党。虽然如此，他受1922年共产党所宣传的思想的影响还是很深的。”① 不过也应看到，他们的这些解释还是比较粗浅的。比如，张太雷、周恩来、陈公博都认识到帝国主义的控制，资产阶级的弱小，资本主义在中国行不通，唯一的办法就是通过共产革命实行共产主义。但他们均未说明共产主义为什么就行得通呢，张太雷甚至设想“没收为世界掠夺者效劳的虚弱的民族资产阶级所拥有的一切资本、生产资料和生产工具，并把他们转交给已经组织起来的无产阶级，才能发展中国的民族工业”②。可见，他们对共产主义运动在中国发生发展的必然性还缺乏更为深入的论证。但即便如此，他们也功不可没，毕竟为中共党史的经济解释开辟了道路，指明了方向。

（二）早期中共党史经济解释的拓展

如果说张太雷、周恩来、陈公博通过对中国共产主义运动产生的经济解释，开了中共党史经济解释的端绪，那么，瞿秋白、蔡和森、李立山、华岗就是对中国共产主义运动的发展作出具体经济解释的先驱。他们对五四运动、党的产生、国共合作、五卅运动、北伐战争以及整个大革命等一系列党史事件，都从经济的角度作了较为客观的阐释。

中国的共产主义运动是从五四运动开始的。瞿秋白是较早研究五四运动的党的早期领导人。他在《五四纪念与民族革命运动》和《中国之

① 陈公博：《共产主义运动在中国》，第80页。

② 《张太雷文集（续）》，第9页。

革命的五月与马克思主义》两篇文章中认为，五四运动“是分划中国之政治经济思想等为前后两时期的运动”；其爆发的首要原因在于“中国资产阶级的发达已经要求独立的本国工业，所谓提倡国货”，而根本原因却在于列强之间的战争使中国资本主义得着较好的机会“发展这一半殖民地上的生产力”；并断言“那外抗强权，内惩国贼的政纲，如果没有这一经济基础，是决不会变成学生运动的”。他还将“抵制日货和提倡国货”当做五四运动的实质。① 瞿秋白既言简意赅地指出了五四运动的意义，又深刻阐明了五四运动的实质及其产生的经济基础；同时，还在党史学史上，较早地将党史事件的发生与生产力的发展联系起来，这在五四运动研究的初期实属难能可贵。

中国共产党是中国共产主义运动的领导核心，而率先对其创建作出经济解释的却是蔡和森。他是中国共产党的创始人之一，也是中共党史研究的拓荒者之一。他在《中国共产党史的发展》这部著作中指出：“吾党何以不在一九一四年欧战中产生呢？而要战后产生呢？原因是在帝国主义战争中，中国土著产业方面才有了相当的发展，而且这个发展是战前所未有的。”并用日本人的统计数字“战前工厂总数目为五百五十八个，而战后为一千四百个”② 来说明大战期中工业发展之速。尽管他也把产业工人的自然罢工和政治争斗以及十月革命的影响作为党产生的必要条件，但这些条件的逻辑起点依然是经济。因为在他看来，工业的发展导致工人队伍的壮大、自然罢工的增多、政治争斗的出现和对政党领导的需求。他的这一解释逻辑影响至今，后来的党史著作的相关解释多沿此思路。可以说在这方面，蔡和森开了个好头。

李立三是较早宣传党史的中共早期领导人之一。他对五四运动的基本看法与瞿秋白比较一致，认为“中国工业发展，产生了民族资产阶

① 《瞿秋白文集》，第147、152页。

② 蔡和森：《中国共产党史的发展》，《中共党史报告选编》，中共中央党校出版社，1982年版，第3~4页。

级”，“民族资产阶级向前发展的要求就形成……五四运动”①。这种看法只凸显了五四运动中的资产阶级，而没有认识到工人阶级的历史作用，因而是片面的，相对蔡和森的相关认识应该说是一种退步。不过，他在党产生的经济根源方面却与蔡和森持有相同的观点，认为中共产生的经济基础在于欧战期间中国工业的快速发展。但他并没再用数字简单地加以说明，而是对这一时期中国工业之所以快速发展的原因作了较为深刻地分析：“欧洲大战期间，中国工业有一个突然的发展，这是因为帝国主义需要殖民地军用品的供给，所以当时磷矿、锡矿非常发展，这是第一个原因。第二，帝国主义本国工场都变成制造军用品，同时轮船运输也困难起来，所以中国工业没有外来商品的竞争。”尽管“日本在欧战期间也极力侵略中国，不过对于中国工业发展的阻力，是微弱得多，因为只有一个帝国主义的竞争，所以在一九一四年以后中国工业有一个很大的发展。”② 这就从经济上进一步回答了中国工业为什么会有较大发展的问题。除此之外，李立三还对第一次国共合作及其分裂的原因也作了一定的经济解释。

一般而言，经济基础规定革命性质，革命性质规定革命动力。李立三正是按照这个逻辑，对共产党为什么加入国民党这一问题作了经济解释。他说：“为什么要加入国民党？这是因为中国经济基础规定中国革命是一个资产阶级民主革命，……党应当执行与资产阶级暂时协作的策略，所以必须有一个政党来容纳广大的民主分子，……这一路线战术上的运用，就是加入国民党。”③ 同时，他还从经济方面对国民党为什么愿意联合共产党作了解释。他认为推动孙中山改组国民党的主要原因，在于战后帝国主义竞相侵略进来，导致磷矿、锡矿倒闭，纱厂和许多轻工业的失败。这些民族工业的破产，使资产阶级感觉到帝国主义成为它当

---

① 李立三：《党史报告》，《中共党史报告选编》，中共中央党校出版社，1982年版，第208页。
② 李立三：《党史报告》，《中共党史报告选编》，第207页。
③ 李立三：《党史报告》，《中共党史报告选编》，第217～218页。

前最大的敌人，所以有国民党之联合共产党。至于国共分裂，他认为：帝国主义侵略殖民地的主要目的，是要使殖民地成为商品的市场与原料的供给国，因此他要极力阻止殖民地的民族资本主义的发展。这样就使殖民地民族资产阶级为着自己的发展不得不与帝国主义争斗。但是当这种争斗掀动了广大劳苦群众起来的时候，帝国主义与殖民地的资产阶级都受着这一革命的恐吓，必然要实行共同分赃的方法，互相让步，互相妥协，联合起来镇压这一革命运动。

相对于瞿秋白、蔡和森而言，李立三对党史的经济解释无论深度还是广度上都有所拓展，尤其对第一次国共合作与分裂，率先从经济上做了些分析。但有的分析又过于抽象不太具体，比如对国共分裂的解释，就仅从帝国主义与殖民地资产阶级的一般关系而论的。当然这种解释从理论上讲无疑是正确的，但这种解释并不能真正地说明大革命失败的具体经济原因。

鉴于中国共产主义运动的不断发展，人们对党史的认识也在不断发展。马克思主义史学家华岗，在瞿秋白、蔡和森、李立三分别对五四运动、党的产生、国共合作与分裂所作经济解释的基础上，又进一步对五卅运动、北伐战争、乃至整个大革命进行了经济上的解释。他在大革命失败后不久写成的《一九二五—一九二七年中国大革命史》一书认为：五卅运动的起源在于1924年以后中国经济政治发生总恐慌。因为各个帝国主义国家在一战期间都已弄得民穷财尽，“他们拼命地从中国收买廉价的原料去制造货物，再运到中国来高价出售；拼命地移植资本到中国来开办工厂，利用中国贱价的工资和原料，同时又可以转而操纵中国的市场；拼命地指使并利用中国军阀互相厮杀，以攫夺许多非分的利益。帝国主义对中国这样拼命进攻侵略的结果，所以一九二四年以后，中国的经济政治发生总的恐慌”。[1] 这进而导致了五卅运动的爆发。华岗的这

① 华岗：《一九二五—一九二七年中国大革命史》，文史资料出版社，1982年版，第131页。

种解释，只是说明中国经济为什么恐慌，而并未明确说明是怎样恐慌的，但不可否认的是，他却较早地从经济上解释了五卅运动的起因。

至于北伐战争，华岗也有自己的看法，他认为“中国近数十年来的经济发展是由南而北，由海滨而陆地”。原因在于西方帝国主义的商品源源输入，长江和珠江流域的商业发展便一日千里，并且逐渐开始了近代产业的产生，使南方旧时的农业经济和手工业经济也最先受到打击而流于破产。于是新兴的商业资产阶级和破产的农民、手工业者以及少数工人，便成了革命的种子。而在北方，虽然商业亦颇发展，并有不少的近代产业，可是比起长江和珠江流域究竟幼稚得多，尤其在整个的经济制度上，无论如何，北方比南方总要落后一些，北方的封建势力比南方总要浓厚一些。这样便造成一种“北伐”的根源。① 当然，这是对近代以来所有“北伐”的一般解释，对国共合作后的广东北伐并不具有针对性，但却从经济上深刻揭示了广东北伐的历史缘由。

更为重要的是，华岗还拿出接近一章的篇幅从整体上探讨“中国大革命之造因”。他通过深入分析认为，中国大革命的社会经济基础有三个。一是中国民族资本主义要求脱离帝国主义的牵制和束缚。因为他们的对外贸易受关税限制，工业所需机器原料被垄断操纵，金融信托事业被挟持，加之战后帝国主义对中国的更凶猛的经济侵略导致两者之间出现更大的矛盾。二是中国的封建关系已成为帝国主义剥削中国的一种依据。从官僚买办到政客胥吏，从批发商到小店东，再到农村的富农小绅士，构成了帝国主义剥削中国的“巨灵之腕”。同时，各帝国主义为争夺中国的统治利益，便利用封建军阀实行互斗而造成军阀割据的局面。这就导致赋税增加、交通破坏、市场缩小，严重阻碍了中国民族工业的发展。三是农民经济与帝国主义、封建主义的冲突。中国广大农民群众，一方面受帝国主义经济政治的进攻，大批的破产失业，发生极度的贫穷

① 华岗：《一九二五——一九二七年中国大革命史》，第175~176页。

化过程；另一方面受着封建地租、军阀课税和高利贷的残酷剥削，从而使中国农村出现了人口过剩、农业生产附庸化趋势严重的局面。也就是说，帝国主义和封建主义已成了中国经济发展的两大障碍，中国经济的发展要求一场反帝反封的大革命。当然，在党史著作或讲义提纲中，列出一章或一讲，专门讨论社会经济基础的，华岗并不是第一人。陈公博的硕士论文《共产主义运动在中国》的绪言和瞿秋白《中国共产党历史概论》的报告提纲无不如此。但从民族资本主义、农村经济与封建主义和帝国主义的关系方面概括而准确地揭示大革命产生和发展深层原因的，却非华岗莫属。另外，他还从武汉政府的“滥发国库券”、新军阀的“朋分现金”和上海对武汉的“封锁”三个方面来说明武汉政府的七月反动，从而对大革命的失败从经济上作出了初步的具体解释。

至此，经济解释从五四运动、党的产生、国共合作到五卅运动、北伐战争以及大革命的失败均有涉及。不过这都是合力作用的结果，从瞿秋白到华岗，中经蔡和森和李立三，他们尽管各有侧重，但毕竟都在早期中共党史的经济解释中作出了标志性的贡献，为其以后的进一步深化奠定了基础。

（三）早期中共党史经济解释的深化

随着认识水平的不断提高，人们对党史的认识也在不断深化。比如，张威遐 1935 年出版的《中国民族革命运动史》和张闻天 1938 年编著出版的《中国现代革命运动史》对五卅运动的经济解释，华岗 1949 年编著出版的《中国民族解放运动史》对五四运动和大革命的经济解释，都表现出不同程度的深化。

应该说，早期中共党史经济解释深化的初步标志，是从经济数字列举的具体说明到较为抽象的经济理论分析的提升。华岗在《一九二五—一九二七年中国大革命史》中对引起五卅运动的经济恐慌仅做了原因探讨，并未用实际材料说明经济恐慌的程度。张闻天在《中国革命基本问题》中试图弥补这一缺陷，而用的数字材料却多是30年代初的，也并不能准确地说明五卅运动前夜的经济恐慌。真正解决这一问题的应该是张威遐。他在1935年出版的《中国民族革命运动史》一书中，却通过大量的统计数字论证了五卅运动的经济根源。他认为研究五卅运动应注意两点：一是欧战期间中国工业有所发展，但随着帝国主义的卷土重来这种发展又遭到扼制。比如就面粉对外贸易的入出超情况来看。“民国二年的输出为一十四万九千担，九年增至三百九十六万担，十四年降为二十八万八千担；输入在民国二年为二百六十万担，九年降至五十一万一千担，十四年又增为二百八十一万担；即战前为入超二百余万担，战争终结后的一年，变为出超三百余万担，五卅惨案那年又恢复了战前的状况。”① 二是在战后的几年，帝国主义的压迫不特是恢复了以前的状态，而且比前加甚。比如日本，“在中国内地的纺织业，在民国六年只有六个工厂，二十五万锭子，一千六百架织机，到了十三年就有四十一个工厂，一百二十二万锭子，五千九百架织机了。其增加的速度，比中国民族工业更起得快。其在中国各地的商业投资，也有同样的情形”。另外，在对外贸易的入超的数目上，也能证明帝国主义压迫加甚的事实。比如“民国三年入超的实数为二万一千二百万两，四年至八年虽然减至三千五百万两与八千六百万两之间，但至九年便增至二万二千一百万两，十三年便增至二万四千六百余两了”②。事实胜于雄辩，张威遐通过这一系列形成鲜明对比的统计数字充分说明了战时战后中国发展的不同状况，以及帝国主义压迫加甚的残酷现实，从而深刻揭示了五卅运动的历史必然性。不过，他所列举的材料还只局限于工商业和对外贸易方面，并没涉及农村，更没涉及中国社会各阶级在经济危机中的生存状况。

张闻天在1938年编著出版的《中国现代革命运动史》一书在这方

① 张威遐：《中国民族革命运动史》，1935年版，第134页。

② 张威遐：《中国民族革命运动史》，第135～136页。

面显出优势。他将五卅运动爆发的原因概括为“经济危机与民族危机的特殊联结”，并认为：一九二三至二四年，这是世界资本主义国家得到资本主义相对稳定的开始；而半殖民地的中国，却正因为帝国主义者侵略的加深，而发展着经济危机。这种经济危机特别表现于工业发展的停滞状态，而这种停滞状态又于一九二五年尤为严重。中、外企业都为维持其利润的获得，对中国劳动者更肆行凶残的剥削，延长工时、减低工资，弄得工人们生活很恶化。在农村方面，因军阀的专横和内乱的扩大与蔓延，农民所负担的直接间接的租税继续加重，破产流离的继续更加层出不穷。小资产阶级和民族资产阶级也由于战后帝国主义侵略的新发展分别更加破产和工业受挫，所以他们与帝国主义的冲突也进一步的加剧。这一切显示出大革命的风暴行将来临。① 这种对五卅运动的解释比华岗的具体，比张威遐的理论，同时也更具逻辑力量。尤其通过对经济危机使中国工人阶级、农民阶级、城市小资产阶级和民族资产阶级的生活更加恶化的描述，就更能说明五卅运动爆发不仅有深刻的经济原因同时也有着广泛的阶级基础。

如果说早期中共党史经济解释深化的初步标志，是从一般数字列举的具体分析到较为抽象的经济理论分析的提升。那么，从经济理论分析再到生产力生产关系的矛盾分析的进一步提升，无疑是早期中共党史经济解释深化的显著标志。上述可见，在中共党史学历史上，较早使用生产力概念的是瞿秋白。此后，华岗和张闻天也分别在《一九二五——一九二七年中国大革命史》和《中国革命基本问题》的著述中，在论证帝国主义是怎样有限地“提高了中国的生产力”，而根本上却是“阻滞而不是发展中国生产力”的时候，使用过这一概念。而在中共党史学历史上，较早使用生产关系这个概念的应该是李立三。他在《党史报告》中指出：“有了新的生产关系，即近代工业的产生，所以就发生和旧的生

① 参见张闻天《中国现代革命运动史》，中国人民大学出版社，1987 年版，第 208 ~216 页。

产关系的冲突，因此反映到思想上就发生了一个极伟大的新文化运动。"[①] 实际上，他是从生产力与生产关系以及与思想上层建筑的角度论证五四新文化运动发生的必然性，而遗憾的是他把生产力错误地当成生产关系，将生产力与生产关系的斗争看作生产关系与生产关系的斗争。相比较而言，瞿秋白从经济基础与社会意识的关系来说明新文化运动的发生就更准确一些，不过李立三的贡献在于较早将生产关系这一概念引入到党史研究。而在此基础上，又进一步将生产力与生产关系结合起来，并从两者矛盾运动的角度解释党史的却是华岗。他在《中国民族解放运动史》第一卷中，对五四运动的经济解释有了新的突破。首先，就五四运动前后中国资本主义之所以有个较快发展的原因，他认为不仅在于"西欧帝国主义无暇东顾，减少了中国资本主义发展的阻力"，还在于，辛亥革命推翻了清朝专制，"给生产力的发展开阔了相当的领域"。其次，对中国资本主义的发展状况作了客观评估。他指出："这个发展仍然是片面的病态的，比较的有发展的还只是轻工业部门。为国家独立生存所必需的国防基础的重工业，则仍然停滞着，而且原有的一些可怜的企业，亦为日本帝国主义者所染指所觊觎。"[②] 加之清政府尽管被推翻而封建制度却未被彻底打破的事实，所以他得出结论认为：帝国主义战争并没有根本地改变帝国主义在中国的统治，封建势力还远未被铲除，旧的生产关系依然严重地阻碍着生产力的发展，而"日本帝国主义的侵略，更加阻止了生产力之发展，因为中国社会生产之多少重大的发展，也必得在与日本帝国主义者斗争中才能获得。由此可见：只有民族革命和民主革命的彻底完成，才能开辟生产力向前发展的基础"[③]。这不仅对中国资本主义发展的"黄金时期"有了更加清醒的认识，而且从生产力与生产关系的高度，揭示了五四运动爆发的历史必然性，较比瞿秋白单

① 李立山：《党史报告》，《党史报告选编》，第208页。

② 华岗：《中国民族解放运动史》，第1卷，东北新华书店辽东分店，1949年版，第201页。

③ 华岗：《中国民族解放运动史》，第1卷，第202页。

一的生产力解释要深刻得多。

关于大革命，华岗也同样从生产力和生产关系的矛盾运动的角度作出了解释。他认为，中国革命的物质条件已经成熟。因为“帝国主义与封建势力的束缚，使中国资本主义不能独立的向前发展，这就使中国生产力的向前发展受到生产关系的限制，生产力与生产关系发生了矛盾。”并且这种矛盾又进一步表现为阶级斗争。因为“生产力是人力与物力的结合，生产关系也是人与人的关系，因而，生产力与生产关系的矛盾，就表现为人与人之间的矛盾，表现为阶级与阶级的冲突与斗争。被压迫阶级代表着新兴的生产力，要求打破旧的生产关系，要求生产力的继续向前发展；压迫阶级代表着旧的生产关系，极力维持原有的生产关系，阻碍生产力的向前发展；因此，当生产力与生产关系发生冲突时，就必然爆发不断的阶级斗争。”① 而这种阶级斗争，在中国就具体表现为，广大要求生产力向前发展的革命阶级与帝国主义和地主、买办、军阀等旧的生产关系的拥护者之间的斗争。“这两种势力的斗争到民国十三年以后，一方面由于民族经济停滞的反弹，另一方面由于国共两党合作的推动，便更趋于剧烈，于是中国便卷入大革命的风暴中。”② 华岗不仅将生产力生产关系这一新的解释机制引入到中共党史的研究中，而且对中国当时为什么会出现生产力与生产关系的矛盾，这种矛盾为什么表现为阶级斗争，这种阶级斗争又怎样上升为革命的等一系列基本问题，作了逻辑上的论证，相对于《一九二五——九二七年中国大革命史》的相关经济解释来说，又前进了一大步。当然《一九二五——九二七年中国大革命史》从中国资本主义经济和农民经济急于摆脱帝国主义和封建主义的牵制和束缚的角度来揭示中国大革命的社会经济基础，已是对单纯的经济数量分析的一种大幅度提升，同时也隐含了生产力和生产关系的矛盾

---

① 华岗：《中国民族解放运动史》，第2卷，读书出版社，1947年版，第270页。

② 华岗：《中国民族解放运动史》，第2卷，第271～272页。

冲突，但它毕竟没有上升到这种更为抽象的理论高度。

（四）早期中共党史经济解释的特点与局限

新中国成立前早期中共党史的经济解释大体经历了端绪、拓展和深化三个阶段，同时，也体现出两个特点：一是都以帝国主义对中国的侵略为经济解释的逻辑起点。比如：帝国主义侵略引发了中国的共产主义运动；帝国主义侵略的减弱导致中国资本主义的迅速发展和无产阶级的壮大，进而为五四运动、中共创建奠定了经济基础；战后帝国主义的卷土重来和侵略程度的加深又促使了第一次国共合作和大革命的爆发。二是经济解释并未把经济因素绝对化。根据“经济状况是基础，但是对历史斗争的进程发生影响的，还有上层建筑的各种因素”① 这一马克思主义唯物史观的基本观点，他们在解释的过程中并没有把经济因素绝对化，而是辅之以政治的、文化的甚至国际的前提和条件。比如，蔡和森认为中国共产党产生的原因在于：中国产业的迅速发展、自然罢工的普遍自觉、五四运动的政治争斗和十月革命的深刻影响。李立三也认为经济基础的奠定、阶级关系的变化和十月革命的推动，是导致中国共产党诞生的必要条件。再比如，在华岗看来，五卅运动之所以产生，除了经济恐慌外，还与二七血战后职工运动的发展、小资产阶级的“左”倾、学生参加革命运动的奋发和国民会议运动普及全国等因素有关。在论述大革命爆发的原因时，张威遐也同样从革命前之经济、政治、社会各阶层和社会思潮等多个方面进行了分析。可以看出，早期中共党史的经济解释既把经济因素作为中共党史事件产生的根本原因，同时又强调其他相关因素尤其政治和文化因素的催生作用，而没有陷入经济决定论的泥潭，这在当时唯物史观被不少人认为就是经济史观的历史条件下尤其值得肯定。

---

① 《马克思恩格斯选集》，第4卷，人民出版社，1995年版，第696页。

当然也应看到，他们对早期中共党史的经济解释也难以避免地存有一定的历史局限性。

首先是经济解释本身的片面性较为突出。尽管生产力和生产关系矛盾运动这一新的解释机制已被引入到早期中共党史的经济解释中，但强调的重点依然是生产关系即帝国主义侵略和封建主义的压迫。实际上，生产力和生产关系的矛盾表现在两个方面：一是生产关系阻碍生产力发展，二是生产力的发展需要改变生产关系。表面上看，两者往往都表现为生产关系对生产力的制约，其实是有区别的：前者，生产力处于被动地位，主要表现是萎缩与停滞；后者，生产力处于主动地位，主要表现是增长与发展。但两者的矛盾达到一定程度就都会引起社会革命。早期中共党史的经济解释在分析社会革命的成因时，往往只强调生产力的萎缩与停滞，而忽视了更为根本的方面即生产力的增长与发展。还有，早期中共党史的经济解释尽管注意到“经济危机与民族危机的特殊联结”，却忽视了城乡经济危机的内在关联。比如在讲大革命的经济基础时，只强调帝国主义的卷土重来对城乡经济造成的严重影响，而忽视了城乡经济之间的交互作用。有研究表明，20 世纪 20 年代初期的中国民族资本主义出现的危机，实际上与农村破产下商品购买市场狭小不无关系。再就是，只注重历史事件的经济解释，而忽视了历史事件与历史事件期间生产力发展变化的解释。对大的历史事件都试图从经济上作出合理说明，这是早期中共党史经济解释的一个倾向。其实没这个必要，并不是所有历史事件的发生与发展都能从经济上找得到独自的原因，即使勉强去找也难免重复，因为同一个经济背景下可以有多个事件的发生。比如五四运动与中共创建这两个历史事件，都发生在中国资本主义发展的“黄金时期”的延伸期，就没有分别作出经济解释的必要，重要的是将代表先进生产力的工人阶级及其运动的发展说清楚。

其次是经济解释的学术失范较为明显。这主要表现在经济解释语言表述上存在雷同现象和在统计资料来源上存在空缺化现象。比如张闻天的《中国革命基本问题》关于农村资本主义何以难于发展的经济解释①，就与华岗在《一九二五——九二七中国大革命史》第34、36页的相关解释雷同；华岗1947年编著由上海读书出版社出版的《中国民族解放运动史》第2卷第50～51页，关于中国共产党产生的经济解释的200多字和第68～69页关于五卅运动经济解释的300多字，也分别与张闻天《中国现代革命运动史》第140～141页和第208～209页的相关解释雷同。再比如本文考察的所有解释文本中的统计资料也多未注明出处，或许这与20世纪二三十年代关于中国工业经济发展的情况就没有十分确切的统计有关。不过，统计资料总得有个来源，像张威遐用来说明五卅运动前经济状况的大量统计数字，如果没有来源那是不可想象的。既然有来源，那就没理由不注明。因为引用统计资料是经济解释历史的一个重要方法，如果资料来源不详无疑会使解释的效果大打折扣。

当然，早期中共党史经济解释的局限并不主要地在于解释者本身，而更多地在于党史学初创阶段可供收集参考的资料非常有限，学术规范普遍要求不严，尤其用一种新的方法解释党史本身也需要一个过程。客观地讲，在当时的历史条件下，早期中共党史的经济解释，能以马克思主义唯物史观为理论基础，由点到面逐步拓展，并呈不断深化的态势，实属不易！早期的中共党史学者既有坚定的唯物史观立场又有从经济上解释党史的高度自觉，经历了从具体的经济数字列举，到较为抽象的经济理论分析，再到生产力与生产关系的矛盾分析的不断提升的艰难历程，不仅为中共党史的经济解释立下了第一块里程碑，同时也为以后的相关研究奠定了重要基础。因此，我们没理由苛求前人，关键是在前人的基础上怎样将中共党史的经济解释推向新的高度。②

① 见《中共党史报告选编》，第376～377页。

② 原载《中共党史研究》，2009年第12期。

后　记

本书的顺利出版，有赖于首都经济贸易大学科研提升平台的支持，有赖于九州出版社编辑的辛勤工作，有赖于家人的关心和鼓励，在此一并致以由衷的谢意！

作者

2012 年仲秋